12 Segredos Simples
da Felicidade

12 Segredos Simples da Felicidade

Como Encontrar Alegria nos Relacionamentos do Dia-a-Dia

Glenn Van Ekeren

Tradução
CLAUDIA GERPE DUARTE

Prefácio
JACK CANFIELD
KIMBERLY KIRBERGER

EDITORA CULTRIX
São Paulo

AGRADECIMENTOS

Dirijo meus mais sinceros agradecimentos às seguintes pessoas...

À minha esposa, Marty, pelo seu constante estímulo, amizade e disposição de ficar ao meu lado nos bons e maus momentos.

A meus filhos, Matt e Katy, por acreditarem no pai e me darem permissão para contar histórias sobre eles.

A Lois Baartman e Jill Vanden Bosch, minhas fantásticas assistentes, que se doam sem ostentação ou necessidade de reconhecimento. Tenho em alta estima o nosso relacionamento.

A Phil Grove, meu vizinho e editor, que se dá ao trabalho de ler com atenção tudo o que escrevo, sempre oferecendo boas idéias para melhorar a mensagem.

Ao meu antigo empregador, Village Northwest Unlimited, que me incentivou a seguir meus sonhos.

SUMÁRIO

PREFÁCIO

Tivemos um tremendo sucesso com os livros da série *Chicken Soup for the Soul*® ao partilharmos histórias de esperança, inspiração e encorajamento com pessoas de todas as idades – histórias sobre pessoas que levaram adiante seus sonhos, superaram obstáculos e deixaram sua marca.

Recorremos intensamente à obra de Glenn Van Ekeren. Usamos nos nossos livros da série *Chicken Soup* muitas das histórias de seus livros anteriores bem como da sua vida pessoal.

É por isso que estamos felizes e profundamente honrados em recomendar a você o novo livro de Glenn. Estamos certos de que você vai adorar estes *12 Segredos Simples da Felicidade: Como encontrar alegria nos relacionamentos do dia-a-dia*. A excepcional habilidade de Glenn de contar histórias aliada à dedicação que ele tem pelas pessoas e à sua disposição de compartilhar sua sabedoria intuitiva com os amigos – entre os quais está você, caro leitor – fazem deste livro uma obra extraordinária. Apesar de ser um livro inspirador e de fácil leitura, ele é também profundo e, acima tudo, de fácil aplicação. Ao reproduzir os princípios nele contidos, você presenciará mudanças incríveis na sua vida.

Estamos certos de que você está dolorosamente consciente de que hoje em dia os relacionamentos podem representar um desafio. Seja um relacionamento entre irmãos (como o nosso), um casamento, uma amizade ou um relacionamento com seus colaboradores, eles exigem dedicação, energia e um pouco de *Chicken Soup* para aquecer o coração. Glenn nos oferece uma grande dose de coragem, um sólido apoio e muita compreensão e discernimento. Cada seleção atinge diretamente a essência de princípios de relacionamento palpáveis e eternos.

Algumas páginas farão você sorrir. Outras farão você pensar. Algumas farão você sentir-se bem. Outras o levarão a agir. E cada uma fará com que você aprecie mais a si mesmo e lhe mostrará como influenciar a vida de outras pessoas.

Temos a certeza de que, com este livro, você está prestes a iniciar uma agradável aventura, uma jornada que o conduzirá a relacionamentos mais satisfatórios e gratificantes. Os princípios estão aqui. Leia-os! Acredite neles! Assimile-os! Porém, acima de tudo... ponha-os em prática! Eis o maior segredo deste livro: se você puser em ação os seus princípios, eles trabalharão por você!

Jack Canfield
Kimberly Kirberger

INTRODUÇÃO

Os relacionamentos são tão antigos quanto a criação. Eles são a força motriz por trás de quase tudo o que fazemos na vida. Quanto mais o tempo passa, mais me convenço da correlação direta entre o nosso sucesso nos relacionamentos e praticamente tudo que tem significado na nossa vida. Quando os relacionamentos são bem-sucedidos, a vida é boa; mas quando eles fracassam levam consigo a saúde, a prosperidade, a felicidade e a alegria de viver.

Aonde quer que formos; não importa o que fizermos; independentemente da carreira que tivermos escolhido ou da atividade em que estivermos envolvidos, existe um denominador comum... as pessoas. Não podemos viver sem elas e, às vezes, é difícil viver com elas. Os relacionamentos podem ser uma grande fonte de satisfação, realização e alegria na vida. Também podem ser algo extremamente desagradável. Existe uma constante diferença entre o que queremos que os nossos relacionamentos sejam e o que eles efetivamente são. *12 Segredos Simples da Felicidade: Como encontrar alegria nos relacionamentos do dia-a-dia* trata dessa acumulação de pequenas coisas, simples mas freqüentemente esquecidas, que contribuem para que transformemos nossos relacionamentos naquilo que queremos que eles se tornem.

Tantos livros já foram escritos a respeito de relacionamentos; tantos seminários já foram oferecidos sobre o tema; e tantos poemas, canções e cartas são inspirados neles, que poderíamos ter a impressão de que os segredos dos bons relacionamentos são de conhecimento geral. Se levarmos em conta todos os conselhos que recebemos, deveria ser fácil manter relacionamentos harmoniosos, solidários e mutuamente benéficos. Na realidade, nunca chegamos a esse ponto. É possível que não sejamos receptivos ao que lemos, que não compreendamos o que ouvimos ou que saibamos o que fazer mas não tomemos nenhuma atitude. Seja qual for o caso, ou os relacionamentos melhoram, são alimentados e se aperfeiçoam ou fogem do nosso controle e vão por água abaixo.

A habilidade ou inabilidade de cultivar relacionamentos de qualidade é uma escolha. Se escolhermos viver para nós mesmos, os relacionamentos irão sofrer e tornar-se dissonantes. Se escolhermos concentrar nossa atenção e investir nossa energia no nosso cônjuge, nos nossos filhos, amigos, vizinhos e companheiros de trabalho, colheremos resultados positivos. Os relacionamentos bem-sucedidos são um desenvolvimento natural do princípio de que a maneira como tratamos os outros afeta a maneira como eles nos tratam. O difícil é não permitir que a maneira como o outro nos trata determine a maneira como nós o tratamos.

Lembro-me de ter lido uma história em quadrinhos de *Dênis, o Pimentinha*, na qual o bom Sr. Wilson está sentado em sua poltrona lendo o jornal. A Sra. Wilson está olhando pela janela quando o Pimentinha passa diante da casa deles e segue seu caminho. Quase podemos ouvir o suspiro de alívio do Sr. Wilson. Ele levanta os olhos do jornal e diz para a mulher: "Desta vez eu escapei da minha dor de cabeça ambulante."

É praticamente impossível vivermos um dia ou uma semana, e muito menos a vida inteira, sem encontrar alguém que se torne nossa "dor de cabeça ambulante". Ao mesmo tempo, preciso admitir que existe um número igual de pessoas que irradiam alegria e animação onde quer que estejam. Elas são a luz que ilumina a nossa vida.

Espero que o primeiro pensamento a passar pela cabeça das pessoas ao me verem aproximar-me, ou passar por elas, não seja: "Ali vai a pedra no meu sapato." Esforço-me sinceramente todos os dias para exercer uma influência positiva na vida das pessoas, para me tornar o que freqüentemente chamo de uma pessoa "pra cima". Essas pessoas são mestres em construir e manter relacionamentos de qualidade. Elas conhecem a dinâmica necessária para melhorar sua interação casual ou mais íntima. Para elas, o amor é um verbo, e preocupar-se genuinamente com os outros é um modo de vida. Aqueles que são "pra cima" transformam vidas e relacionamentos ao ativar as qualidades de um "formador de pessoas".

Este livro gira em torno da proposta de exercermos uma influência positiva na vida das pessoas. Provavelmente, eu o escrevi tanto para mim mesmo quanto para os outros. Ele contém os princípios de relacionamento que ensino ao público em geral, que procuro transmitir aos meus filhos e me esforço para tornar ativos nos meus encontros do dia-a-dia. Enquanto escrevia, novas idéias a respeito de como eu poderia me tornar mais eficiente ao lidar com as pessoas vinham continuamente à tona. O livro está cheio de uma sabedoria eterna, de princípios comprovados, de atitudes simples e de uma percepção intuitiva atual que o ajudará a criar uma alegria cada vez maior nos seus relacionamentos.

Você pode tornar-se uma pessoa "pra cima". Escolha qualquer tópico ou seleção deste livro e você vai encontrar comentários cheios de discernimento e perspicácia, exemplos divertidos e estratégias práticas que irão ajudá-lo a:

Aceitar as pessoas como elas são.

Identificar o que as pessoas precisam para sentir-se bem consigo mesmas.

Fazer seus relacionamentos florescerem.

Dar-se bem com pessoas difíceis.

Lidar com o conflito de maneira eficiente.

Desenvolver um sincero interesse pelos outros.

Deixar-se influenciar pelas qualidades positivas dos outros.

Perdoar atitudes maldosas.

Ajudar os outros a se sentirem estimulados e motivados a se tornarem tudo o que podem ser.

Tornar-se o tipo de pessoa com quem os outros gostam de estar.

Imagino que você esteja lendo este livro por querer melhorar os seus relacionamentos. Se for este o caso, ótimo! Mas se você está procurando estratégias para conseguir levar a melhor, sinto muito. Se você quer que as pessoas gostem de estar ao seu lado, encontrará ajuda prática neste livro. Se está à procura de um programa para manipular os outros, não se dê ao trabalho de ler nem mais uma linha. Se você está disposto a se dedicar às pessoas que fazem parte da sua vida, a jornada através dos 12 segredos simples da felicidade que irei compartilhar com você neste livro será agradável e benéfica.

Renove o seu desejo, abra a sua consciência e aprenda novas habilidades que farão com que você se torne uma pessoa eternamente "pra cima". Este livro prático e estimulante está cheio de sabedoria intuitiva de como encontrar a felicidade por meio de relacionamentos mais satisfatórios. Você se sentirá inspirado a reacender a chama das suas amizades, do seu casamento, da sua família e dos seus relacionamentos profissionais.

GENEROSIDADE

*Não medimos a vida em função
da sua duração, mas da
sua capacidade de doação.*

PETER MARSHALL

UM ESPÍRITO

GENEROSO

Pense na história bíblica da moeda da viúva. Jesus estava observando os ricos irem ao templo para fazer doações ao tesouro do templo. Ele viu uma viúva fazer uma contribuição bem pequena, apenas duas moedas de cobre. Tocado pela atitude altruísta da mulher, Jesus disse a todos os que quiseram ouvir que o valor da doação dela era bem maior que o de todas as outras. A maioria das pessoas havia dado como presente uma parte da riqueza que possuía. A mulher pobre sacrificou-se para fazer a doação.

Calcula-se que se as duas moedas da viúva tivessem sido depositadas numa conta que pagasse juros compostos semestrais de 4%, hoje, o valor depositado seria de 4,8 bilhões de trilhões de dólares. Um pequeno e sistemático investimento nas pessoas também pode se reproduzir e gerar um considerável retorno. O espírito generoso se revela mediante uma atitude que busca continuamente uma maneira de valorizar a vida das pessoas. Quando um espírito generoso permeia um relacionamento, as recompensas são geralmente maiores do que qualquer uma das partes esperava. Assim como Jesus elogiou a viúva por sua doação sacrifical, nunca devemos subestimar o potencial das pequenas coisas que fazemos pelos motivos certos.

Em maio de 1997, a Associated Press divulgou a história de um excelente corredor de uma escola de segundo grau que se sacrificou para que um colega de equipe alcançasse o sucesso. Troy Weiland corria pela Canistota High School, na Dakota do Sul. Ele era um corredor excepcional que estava para conseguir uma bolsa por desempenho esportivo na Iowa State University.

Troy chegou à conclusão de que sua missão na competição do Danielsen Invitational era ajudar seu colega de equipe, Brad Jensen, a conseguir passar para a equipe principal da escola em vez de tentar ele mesmo vencer a corrida. Se Jensen conseguisse terminar os 3.200 metros em sexto lugar ou em uma posição melhor, ele passaria para a equipe principal. Eis como os fatos foram relatados pela Associated Press.

"Troy ficou o tempo todo me dizendo que eu ia conseguir", disse Jensen. "Puxa, isso é que é incentivo!"

Durante quase metade da corrida, o corredor que estava tentando passar para o time principal teve como acompanhante um dos melhores corredores de longa distância das equipes escolares do seu Estado em todos os tempos.

"Troy corria atrás com Jensen, ao mesmo tempo que prestava atenção aos rapazes que estavam na frente", relatou o treinador de corrida Jerry Price da escola Canistota. "Eu diria que ele estava cerca de meia volta atrás dos primeiros colocados."

Weiland incentivava Jensen o tempo todo enquanto corria ao lado dele.

"Eu disse: 'Brad, você só precisa derrotar duas pessoas para conseguir se colocar.' Era como se ele estivesse dizendo 'Tudo bem, cara, isso eu posso fazer'", disse Weiland.

Depois de mais algumas palavras de estímulo, Weiland partiu em direção aos atletas que lideravam a corrida, agora cerca de 1.800 metros à frente dele, e não apenas os alcançou como logo deu a volta completa na pista, aproximando-se novamente de Jensen, que lutava pela sétima colocação com outro corredor, o que não era suficiente para que ele se classificasse.

"Troy chegou perto de mim de novo e continuou a dizer: 'Você pode conseguir'", disse Jensen. "Ele disse que se eu continuasse a me esforçar ele ia abandonar a corrida. 'Não, não faça isso; tentei dissuadi-lo, mas ele desapareceu."

Weiland abandonou a corrida pouco antes de cruzar a linha de chegada. Com Weiland fora do páreo, Jensen agora lutava pela sexta colocação – o suficiente para passar para a equipe principal.

Jensen correu a toda velocidade no final para conseguir terminar em sexto lugar. Seu tempo de 15'15" foi 41 segundos mais rápido do que ele jamais correra antes.

Essa história maravilhosa sintetiza um espírito bom e generoso em um ambiente tipicamente competitivo. Ficar entusiasmado com o sucesso de outras pessoas já é bastante difícil, mas desistir do próprio sucesso em favor do sucesso de um terceiro é algo de que praticamente nunca se ouviu falar. A atitude de Weiland foi captada pela imprensa, reconhecida pelos seus colegas de equipe e garanto que os fãs devem ter falado durante dias sobre o que ele fez.

Não posso afirmar que todas as pessoas felizes sejam generosas, mas estou convencido de que as pessoas generosas são felizes. Lembre-se apenas de que você não precisa "ser feliz" para ser generoso, mas que sua generosidade trará a felicidade – para os outros e para você. John Bunyon acreditava que "você não terá vivido o dia de ho-

Este é o milagre – quanto mais compartilhamos, mais possuímos.

LEONARD
NIMOY

je enquanto não tiver feito algo para alguém que nunca poderá lhe retribuir". Dê o pouco que puder a alguém que precisa do que você tem e não apenas terá gerado felicidade como compreenderá que não existe nada melhor na vida do que a satisfação interior que você irá sentir.

UMA CENA DE
COMOVENTE AMABILIDADE

Jerry Jenkis, ao escrever para *Moody Monthly*, recordou uma situação que presenciou na estréia do filme *How Should We Then Live?*, de Francis Schaeffer. O dr. Schaeffer estava respondendo a perguntas da platéia quando um homem com paralisia cerebral fez um esforço para fazer uma pergunta. Sua fala irregular e difícil de entender irritou algumas pessoas, mas não a Schaeffer.

"Por favor", disse Schaeffer quando o homem acabou de fazer a pergunta. "Você poderia repetir suas três últimas palavras?" O homem fez o que ele pediu. "Agora, por favor, repita mais uma vez a última palavra." O homem repetiu, com esforço, o que lhe fora pedido. Schaeffer então respondeu gentilmente à pergunta do homem.

A seguir, a platéia, consternada, ouviu o rapaz formular uma segunda pergunta. O processo mais uma vez se repetiu. O dr. Schaeffer continuou a responder com amabilidade e paciência à indagação do homem até este ficar plenamente satisfeito.

Qual teria sido a sua reação? A amabilidade do dr. Schaeffer tornou-se um exemplo para o auditório. Ele tratou o homem incapaz com a mesma dignidade e respeito com que tratava os demais.

Eis o que as pessoas podem fazer umas pelas outras: amar umas às outras com compreensão.

HAROLD
KUSHNER

Tenha em mente que o que verdadeiramente caracteriza uma pessoa é a maneira como ela trata alguém que não pode trazer-lhe nenhum bem.

ANN LANDERS

As pessoas não se importam com o seu conhecimento enquanto você não lhes mostra o quanto se importa com elas com pequenos atos de amabilidade. Ao executar suas atividades do dia-a-dia, seja especialmente generoso com aqueles que precisam do seu toque de ternura.

UM SURPREENDENTE ATO
DE COMPAIXÃO

Li uma excelente história sobre Fiorello H. LaGuardia. Quando era prefeito de Nova York em 1935, ele apareceu certa noite no tribunal da área mais pobre da cidade, pediu ao juiz que fosse para casa e assumiu as funções do magistrado.

O primeiro caso julgado por LaGuardia envolvia uma mulher idosa que fora presa por roubar pão. Quando ele lhe perguntou se era inocente ou culpada, ela respondeu suavemente: "Eu precisava do pão, Meritíssimo, para alimentar meus netos." "Não tenho outra opção senão puni-la", respondeu o prefeito. "Dez dólares ou dez dias na prisão."

Ao mesmo tempo que proclamava a sentença, ele jogou dez dólares em seu chapéu. A seguir, multou em cinqüenta centavos de dólar cada pessoa presente na sala do tribunal por viverem numa cidade "onde uma avó precisava roubar para alimentar os netos". Imagine a surpresa dos presentes, que estou certo imaginavam estar diante de um caso claro em que a culpa do réu era indiscutível. Depois que todos contribuíram com seus cinqüenta centavos, a mulher pagou a multa e deixou a sala do tribunal com um lucro de 47 dólares e cinqüenta centavos.

A distância que você consegue percorrer na vida depende da sua ternura para com os jovens, da sua compaixão pelos idosos, da sua solidariedade com os esforçados e da sua tolerância para com os fracos e os fortes, porque chegará o dia em que você terá sido todos eles.

GEORGE
WASHINGTON
CARVER

A delicadeza nas palavras gera a confiança; a delicadeza no pensamento cria a profundidade; a delicadeza no dar produz o amor.

LAO-TSÉ

Dizem que a bondade é o óleo que elimina o atrito da vida. É tão fácil ser o saibro, em vez do óleo, quando julgamos, condenamos ou censuramos aqueles que passam por infortúnios e tribulações. No entanto, um ato ou uma palavra de ternura é capaz de aliviar o atrito e ajudar alguém a ir em frente. Olhe ao seu redor. A quem você vai demonstrar a generosidade vivida pela avó da nossa história?

FALE DOS OUTROS
COM AMABILIDADE

Acho que não existe nada que eu despreze mais do que a fofoca. A fofoca gera a discórdia e discussões indevidas. O sábio Rei Salomão disse: "As palavras de um maledicente são como saborosos petiscos que penetram nas partes mais íntimas do corpo." Tanto o fofoqueiro quanto a infeliz vítima são prejudicados por esses "diminutos petiscos".

Preste atenção à seguinte conversa. Mary diz: "Ellen me disse que você contou a ela o segredo que eu lhe pedi que não contasse a ela." Alice responde: "Bem, eu disse a ela que eu não contaria a você que ela me contou, portanto, por favor, não conte a ela que eu contei." Ó que grande emaranhado construímos quando traímos a confiança de alguém!

Sempre haverá pessoas que acreditam em tudo o que ouvem e se sentem impelidas a repeti-lo. Os fofoqueiros são simplesmente pessoas com "senso de *rumor*". Não seja uma delas.

Lembro-me de ocasiões em que eu soube que minha confiança havia sido traída. Que sensação devastadora! A confiança é destruída e amizades são rompidas quando o conteúdo venenoso de uma fofoca transpira.

Existe tanto bem nos piores entre nós, e tanto mal nos melhores entre nós, que compete a todos nós não falar sobre o restante de nós.

ROBERT LOUIS STEVENSON

Por que tantos de nós fazem fofoca? Será por achar que isso nos faz parecer melhores e obter uma aceitação maior entre nossos colegas? Será que as informações confidenciais nos fazem sentir mais importantes, mais instruídos ou superiores, levando as pessoas obrigatoriamente a nos ouvirem? Você alguma vez já sentiu ciúmes das realizações de uma pessoa, ou da atenção que ela recebe, e se sentiu melhor chamando a atenção para as fraquezas dela? Quando alguém nos magoa, é muito fácil diminuí-lo como forma de retaliar e equilibrar a balança. A fofoca também pode ser usada para fazer as pessoas ficarem do nosso lado quando existe um conflito. Temos a tendência de achar que quanto maior o número de pessoas cujo apoio conseguimos obter, maior nosso mérito pessoal.

Independentemente do motivo que possamos alegar, não existe motivo para fofocar!

Existe uma lenda que conta a história de um homem que foi pedir conselho ao padre da aldeia depois de ter passado adiante uma difamação sobre um amigo e posteriormente descoberto que tudo não passava de mentira. Ele perguntou ao padre o que poderia fazer para corrigir seu ato irrefletido.

O padre respondeu: "Se quiser ficar em paz consigo mesmo, você precisa encher um saco de penas de galinha, percorrer a aldeia de porta em porta e deixar cair uma pena em cada pórtico."

O camponês pegou um saco, encheu-o de penas e percorreu a aldeia fazendo o que o padre lhe recomendara. Ele então procurou novamente o padre e perguntou: "O que mais posso fazer?"

"Há mais uma coisa", respondeu o padre; "pegue o saco e recolha cada pena que você distribuiu."

Relutante, o camponês iniciou a jornada em busca das penas. Horas depois ele voltou, dizendo: "Não consegui encontrar todas as penas, pois o vento as havia soprado."

O padre respondeu: "O mesmo acontece com a fofoca. Deixamos cair com facilidade palavras maldosas, mas nunca conseguimos pegá-las de volta."

Na próxima vez que você se sentir tentado a dizer uma palavra maldosa, possivelmente mentirosa ou pouco lisonjeira a respeito de alguém, pergunte a si mesmo de que modo essa informação irá beneficiar a pessoa a quem você pretende contar o ocorrido, você mesmo e, especialmente, a pessoa sobre quem você vai falar. Tenha bem claro na mente este fato irrefutável: uma vez pronunciadas as palavras, você jamais poderá retirá-las.

Caso você aprecie espalhar rumores ou saber de fofocas sobre outras pessoas, pergunte a si mesmo se é dessa maneira que você gostaria que os outros falassem de você. Esforce-se então por falar das outras pessoas como gostaria que elas falassem de você: com amabilidade e benevolência. E quando você não tiver nada delicado ou agradável para dizer, aprenda a ficar calado.

O fofoqueiro é aquele que fala conosco sobre os outros, o chato é aquele que fala conosco sobre si mesmo e o que tem uma conversa brilhante é aquele que fala conosco a respeito de nós mesmos.

LISA KIRK

ESPERANÇA

✿

Não amamos os outros pelo que eles são, mas, pela maneira como eles nos fazem sentir.

ERWIN FEDERMAN

COMO AS PESSOAS SE SENTEM AO SEU LADO?

Eu gostaria que você pudesse conhecer minha filha. Katy é uma jovem vibrante e entusiasta que encara a vida de uma maneira fabulosa. Na quarta série, ela adotou para si mesma uma invejável ética de trabalho, desenvolveu uma personalidade magnética e conquistou o respeito da professora. (É claro que minha avaliação é totalmente objetiva.)

No final do primeiro semestre de Katy como aluna da quarta série, foi marcada uma reunião de pais e mestres para a quinta-feira seguinte, às quatro e meia da tarde. Ela se mostrou especialmente animada durante a semana e confirmou várias vezes o horário da reunião com a mãe e comigo. Garantimos a ela que ambos pretendíamos comparecer a esse evento especial.

Na quarta-feira pela manhã, Katy foi falar com a professora antes de a aula começar. "Como eu gostaria que a reunião fosse hoje!", exclamou ela. "Amanhã não é um bom dia para seus pais?", perguntou a perspicaz professora, sra. Dejong.

"Não, não é isso; os dois estarão aqui", respondeu Katy, "só que eu queria que a reunião fosse hoje."

Meu filho, eis o caminho para conseguir que as pessoas gostem de você: faça cada pessoa gostar um pouco mais de si mesma e prometo que ela gostará muito de você.

LORD
CHESTERFIELD

Fascinada pela atitude incomum da aluna, a sra. Dejong procurou aprofundar-se um pouco mais. "Por que você gostaria que eu me reunisse hoje com seus pais, Katy?"

Katy exibiu um dos seus calorosos sorrisos e disparou: "É que eu mal posso esperar para que eles cheguem em casa e me digam como eu sou especial!"

Por ser uma boa aluna, Katy sabia que a reunião de pais e mestres era um caminho para que ela recebesse um pouco de reconhecimento. Ela também sabia que minha mulher e eu tínhamos o hábito de discutir a reunião com os filhos. Não era preciso ser um gênio para perceber por que Katy estava tão ansiosa por causa da reunião. Era a oportunidade de ela escutar que era especial, embora já o soubesse.

Minha esposa e eu temos muitas razões para apoiar e incentivar nossos filhos. Eles são crianças boas. Preocupo-me com o fato de eu talvez passar muito pouco tempo buscando maneiras de estimulá-los e tempo demais procurando coisas para corrigir. É impressionante como me condicionei – como eu me condicionei a acreditar que o papel dos pais é corrigir, disciplinar e dirigir. Sinto-me bem nesse papel quando percebo que ele está em equilíbrio com o apoio, o reconhecimento e o estímulo. Como é difícil encontrar o equilíbrio perfeito.

"Três bilhões de pessoas na terra vão dormir com fome todas as noites", disse Cavett Robert. "No entanto, quatro bilhões de pessoas vão para a cama ansiando por uma simples palavra de estímulo e reconhecimento."

Os incentivadores apóiam nossos sonhos, compreendem nossas dificuldades, reconhecem nossos esforços e comemoram conosco nossas realizações. Eles nos impedem de ir para a cama com o estômago dolorido, o coração partido ou o espírito abatido. Eles parecem saber o que dizer e quando dizê-lo. Eles fornecem alimento para a alma. Os incentivadores constroem a esperança.

Torne-se um incentivador. Abra caminho para as pessoas dizerem: "Gosto mais de mim mesmo quando estou ao seu lado."

APRENDA
A DAR-SE

Somente aqueles que aprenderam o poder da contribuição sincera e altruísta experimentam a alegria mais profunda da vida: a verdadeira realização.

ANTHONY ROBBINS

Existem dois mares na Terra Santa. O famoso Mar da Galiléia recebe água doce de um riacho próximo, usa essa água para gerar diferentes tipos de vegetação marinha e, depois, passa a água adiante para o Rio Jordão. Este cumpre o seu papel espalhando a vida pelo deserto, transformando-o em terra fértil.

O Mar Morto, por outro lado, tem esse nome por uma boa razão – ele é morto. A água do Mar Morto é tão salgada que nenhum tipo de vida pode subsistir ali. A principal diferença entre essas duas massas de água é que o Mar Morto recebe a água do Rio Jordão e a conserva. Ele não tem escoadouro.

Que exemplo perfeito das diferenças entre as pessoas. As que vivem sem se dar tornam-se estagnadas e descobrem que o que conservam sufoca a vida delas. As que se dão livremente multiplicam a vida. Eric Butterworth disse: "Aquele que dá com dedicação é uma pessoa incuravelmente feliz, segura, satisfeita e próspera."

Essa frase encerra uma lição estimulante. Se você não plantar nada hoje, não terá nada para colher no futuro. Uma vida fértil é o resultado direto de enriquecermos os outros. "Não julgue cada dia pela colheita que você faz", aconselhou Robert Louis Stevenson, "e sim, pelas sementes que você planta."

De acordo com um artigo do *New York Times*, o sr. Milton Petrie gostava de dar dinheiro. Ele procurava nos jornais de Nova York "histórias de pessoas maltratadas pela vida e então preenchia o talão de cheques".

Petrie, filho de um imigrante russo dono de uma casa de penhores, construiu sua fortuna por meio de uma rede de lojas de roupas femininas. Quando morreu, aos 92 anos de idade, seu eterno compromisso de ser uma pessoa generosa encontrou uma solução de continuidade. A manchete do jornal que noticiou sua morte estampava: "MORTE DE MILIONÁRIO NÃO INTERROMPE SUA GENEROSIDADE." Dizem que ele designou 451 beneficiários para seu espólio de 800 milhões de dólares.

"O que mantém o nosso interesse pela vida, e nos faz olhar com interesse para o futuro, é dar prazer às outras pessoas", declarou Eleanor Roosevelt. "A felicidade não é uma meta, é um subproduto."

Você sabia que Elvis Presley nunca deduziu do imposto de renda nenhuma parcela dos milhões de dólares que doou para obras de caridade? O "rei" acreditava que, se o fizesse, estaria violando o espírito de gratuidade.

O General William Booth era apaixonado pelos pobres de Londres e se dedicou à missão de satisfazer as necessidades deles. Ao morrer, a missão local de Booth havia se espalhado pelo mundo. Seu último discurso, feito na cama de um hospital para uma convenção internacional de "soldados" do Exército da Salvação, foi uma mensagem telegráfica que dizia apenas: "Os outros!"

Esse discurso de duas palavras de Booth encerrava tudo o que ele acreditava ser o objetivo da vida – dar-se altruisticamente em benefício dos outros.

O bilionário John D. Rockefeller viveu a primeira parte da sua vida como um homem miserável, incapaz de dormir, sentindo que ninguém o amava e rodeado de guarda-costas. Aos 53 anos ele recebeu o diagnóstico de uma doença rara. Perdeu todo o cabelo e seu corpo começou a encolher. Os especialistas lhe deram um ano de vida.

Rockefeller começou a pensar além do momento presente e foi em busca de um significado para a sua existência. Doou seu dinheiro para igrejas e para os pobres, e criou a Fundação Rockefeller. Sua vida deu uma reviravolta, sua saúde melhorou e, contrariando a previsão dos médicos, viveu até os 98 anos de idade.

A vida de John D. Rockefeller é um exemplo da transformação que se opera quando descobrimos a alegria de dar. Você poderá sentir-se tentado a pensar que, se tivesse a riqueza de Rockefeller, seria fácil dar aos outros. Embora seja fácil encontrar exemplos de pessoas ricas que fizeram grandes doações, estamos falando aqui de muito mais do que fazer um cheque para uma obra de caridade. Isso é apenas uma minúscula porção da mensagem.

"Ao passar pela vida, toda pessoa, sem o saber, deixará algo de si e levará algo consigo", refletiu Robert Fulghum. "A maior parte dessa contribuição não pode ser vista, ouvida ou enumerada. Não aparece no censo. Mas nada tem importância sem ela."

Dwight Moody fez desse "algo" mencionado por Fulghum um modo de vida. Moody dizia: "Quero fazer todo o bem que eu puder, por todas as pessoas que eu puder, do maior número de maneiras que eu puder, pelo maior tempo que eu puder."

Você pode ajudar a manter o fluxo da vida e acrescentar um enorme valor aos outros dando-se às pessoas. Ponha os outros em primeiro lugar no seu pensamento. Descubra maneiras de enriquecer a vida deles. Doe-se de um modo altruísta. Um lei natural da vida é que quanto mais você dá aos outros sem nada esperar em troca, mais abençoada será a sua vida.

Se quiser experimentar um sucesso contínuo, aprenda a dar de si e a levar esperança aos outros. "O sucesso não é algo raro – ele é até comum", acreditava Henry Ford. "É uma questão de ajustarmos nossos esforços aos obstáculos e nossas habilidades a um serviço necessário aos outros. Fora disso, nenhum outro sucesso é possível. No entanto, a maioria das pessoas pensa no assunto em termos de receber; o sucesso, contudo, começa em termos do dar."

Tranque a porta da sua casa, atravesse a linha de trem, encontre uma pessoa necessitada e faça algo por ela.

DR. KARL MENNINGER

VOCÊ PODE SER
IMPORTANTE

O propósito da vida não é vencer. O propósito da vida é crescer e compartilhar. Quando olhar para trás e contemplar tudo o que fez na vida, você extrairá mais satisfação do prazer que levou à vida de outras pessoas do que dos momentos em que você as sobrepujou e derrotou.

RABINO HAROLD
KUSHNER

Suponhamos, por um momento, que você acaba de receber um cartão do seu melhor amigo pelo correio. Os dizeres do cartão são os seguintes:

Antes de mais nada, quero lhe pedir desculpas. Há vários meses venho pensando em lhe mandar este cartão mas, por um motivo ou por outro, acabei não mandando.

Você é uma pessoa especial! Aprecio o fato de você me aceitar como eu sou e a sua amizade é a coisa mais preciosa que eu tenho. Admiro sua atitude positiva diante do trabalho, da família e da vida em geral. Ela se manifesta em tudo o que você faz. Obrigado por ser um exemplo tão magnífico. Acima de tudo, gosto de você ser quem é.

Tenha um ótimo dia!

Como você se sentiria? Um pouco sem graça, mas bastante sorridente por dentro? De que maneira essa mensagem afetaria seu dia, seu relacionamento no trabalho ou a maneira como você se sente com relação a si mesmo? Acima de tudo, quantas vezes você enviou ou recebeu uma mensagem tão estimulante?

Compare essa cena gratificante com a realidade de como muitas pessoas se sentem a respeito dos seus relacionamentos. A seguinte história de John Powell, S.J., extraída de *Will the Real Me Please Stand Up?*, retrata de uma forma triste, porém realista, o quanto precisamos nos tornar sensíveis às necessidades daqueles que nos cercam.

"Na manhã do dia 5 de agosto de 1962, domingo, Marilyn Monroe foi encontrada morta. O juiz encarregado de investigar o caso disse mais tarde que se tratava de 'suicídio'. Quando a empregada de Marilyn encontrou o corpo sem vida da patroa naquela manhã de domingo, ela notou que o fone do aparelho pendia do criado-mudo. Marilyn, obviamente, havia tentado se comunicar com alguém. Quando sua última tentativa falhou, ela desistiu e morreu sozinha.

"Claire Booth Luce escreveu um comovente artigo para a revista *Life* intitulado: 'O Que Realmente Matou Marilyn?: A Deusa do Amor que nunca encontrou o amor'. Luce sugere que o fone fora do gancho era um símbolo apropriado para a vida de Marilyn. Ela tentou durante um longo tempo dizer que era uma pessoa, mas muito poucos a levaram a sério. Somente depois da sua morte, em uma noite de sábado, quando imaginamos que todas as mulheres bonitas devem estar se divertindo ao lado de um belo acompanhante, muitos fatos da vida de Marilyn vieram à tona.

"Marilyn Monroe era seriamente antipatizada pela maioria dos seus contemporâneos de Hollywood. Ela era chamada de 'primadona'. Com freqüência, chegava com horas de atraso para as filmagens. Quando ela entrava de modo casual no estúdio, ninguém suspeitava de que ela estivera o tempo todo em casa, nervosa, vomitando. Ela tinha um medo terrível, um verdadeiro pavor das câmeras. Não há dúvida de que suas reações emocionais eram resultado de uma infância triste e perturbada. Seu pai, banqueiro itinerante, abandonara a família. A mãe era repetidamente internada em instituições para doentes mentais. Marilyn foi estuprada aos 8 anos por um pensionista do seu lar adotivo. Ela recebeu cinco centavos de dólar para ficar calada.

"Agora, aos 35 anos de idade, o espelho estava lhe dizendo que a única coisa que as pessoas haviam notado ou elogiado nela começava a perder o viço. Ela deve ter-se sentido como um pintor que está perdendo a visão ou um músico que começa a sofrer de artrite nas mãos. Marilyn teve uma infância difícil, casou-se várias vezes e trabalhou em muitos filmes, mas poucas pessoas a levaram a sério... enquanto ela viveu."

Nós precisamos uns dos outros, mas vivemos numa era na qual os atos de amabilidade e incentivo são extremamente raros. Temos a tendência de prestar atenção a detalhes sem importância e a ser excessivamente críticos, e freqüentemente as mensagens positivas e estimulantes ficam enterradas no desejo de fazer das pessoas o que queremos que elas sejam em vez de as estimarmos pelo que elas são. Precisamos aprender a valorizar e a encontrar alegria nos nossos relacionamentos, em vez de ficar o tempo todo tentando modificar aqueles com quem interagimos. Precisamos aprender a disseminar a esperança quando os outros só expressam o desespero.

A oportunidade de ser importante na vida de alguém pode se apresentar em casa, no trabalho, com amigos ou desconhecidos.

Procure uma oportunidade de levantar o ânimo de alguém, de fazer com que uma pessoa sinta que é valorizada. As oportunidades de dar esperança aos outros se apresentam todos os dias; tudo o que precisamos fazer é prestar atenção e nos sintonizarmos com elas.

Albert Einstein declarou: "O homem está aqui no interesse das outras pessoas – acima de tudo, daquelas de cujo sorriso e bem-estar depende a nossa própria felicidade, bem como das incontáveis almas desconhecidas, a cujo destino estamos ligados por um vínculo de solidariedade."

BONDADE

✦

*Nosso maior defeito é nos
preocupar com os
defeitos dos outros.*

KHALIL GIBRAN

TOME CUIDADO PARA NÃO SE TORNAR EXCESSIVAMENTE CRÍTICO

Charlie Brown sofre da síndrome de "não consigo fazer nada direito". Lucy está sempre presente para lembrá-lo dos erros que ele comete.

Certa vez, Lucy pôs a mão na cintura e disse: "Charlie Brown, você não sabe aproveitar as oportunidades da vida! Você está sempre na retaguarda! Tudo o que você faz dá errado! Você é lento demais! É um caso perdido! Você é uma bola fora da caçapa! Você é um pênalti perdido, uma bola fora do campo! Entendeu? Será que fui bem clara?"

Por mais injusto que possa parecer o comentário de Kahlil Gibran de que "nosso maior defeito é nos preocuparmos com os defeitos dos outros", a tendência de sermos como Lucy é tentadora. Como é fácil apontar aos outros o que eles não são, não foram ou nunca serão! Quer você esteja educando uma família, dirigindo uma companhia ou criando um relacionamento, seja receptivo às seguintes palavras sábias de Will Rogers: "A coisa mais fácil que existe é denunciar. Não é preciso muito esforço para ver que uma coisa está errada, mas é necessário alguma visão para enxergar o que irá corrigi-la."

Na maioria dos casos, a crítica é um processo ineficaz e destrutivo. Ela força as pessoas a se colocarem na defensiva e geralmente faz com que elas procurem justificar suas ações. A insensibilidade fere o orgulho, reduz o sentimento de importância das pessoas e provoca ressentimento nos relacionamentos.

Você tem pensando ultimamente em alguém que você gostaria de mudar, de controlar ou melhorar? Ótimo. Comece por você mesmo. Dizem que quase todos nós achamos difícil aceitar as imperfeições dos outros quando também as possuímos. É desagradável observar as pessoas exibindo as mesmas características negativas que não conseguimos superar. Confúcio disse certa vez: "Não se queixe da neve no telhado do vizinho quando sua porta de entrada está obstruída." Se tentarmos primeiro nos aperfeiçoar, passaremos a ter um maior grau de tolerância com relação às fraquezas ou características indesejáveis dos outros.

O falecido John Wanamaker fez certa vez a seguinte reflexão: "Aprendi há trinta anos que é tolice ralhar com os outros. Já tenho problemas suficientes ao tentar superar minhas próprias limitações e, certamente, não vou me dar ao trabalho de ficar irritado com o fato de Deus não ter achado adequado fazer uma distribuição uniforme do dom da inteligência." Seguindo o conselho de Wanamaker, eu me concentro primeiro em "mim", com minha pesada carga de imperfeições, defeitos e áreas que precisam ser melhoradas. Isso aumenta a minha capacidade de aceitar as limitações dos outros.

Se você estiver pensando: "Como eu gostaria que meu marido ou mulher, patrão ou amigo lesse isso", a mensagem não atingiu seu objetivo. Evitar um estilo de vida que tem *a* crítica como ponto central é antes de mais nada uma responsabilidade sua. Um relacionamento edificante, estimulante e gratificante começa por você.

A maioria das críticas começa com algo assim: "Eu não deveria dizer isto, mas ..." Outra maneira habitual de começar a fazer críticas é iniciar um comentário da seguinte maneira: "Não é que eu esteja querendo criticar, mas ..." E o que fazemos a seguir? Começamos a criticar. Depois de fazer nossos inspirados comentários, nós os justificamos dizendo: "Eu só estava querendo ajudar."

Existe uma enorme diferença entre a crítica destrutiva e o comentário construtivo que nasce a partir do desejo sincero de enriquecer a vida do outro. Você pode exercer uma influência positiva na vida de alguém evitando uma atitude crítica e exibindo um espírito positivo e solidário. Considere as seguintes atitudes:

1. *Preserve a auto-estima das pessoas.* "Eu desisto!", "De que adianta?", "Eu nunca faço nada direito!" Esses são sentimentos comuns nas pessoas que se sentem derrotadas e diminuídas por ataques pessoais.

Paulo, o apóstolo, escreveu à igreja em Roma: "Por que então criticais as ações do vosso irmão, por que tentais diminuí-lo tanto?" Parecer pequeno dói. As pessoas podem nos dizer o dia inteiro que somos maravilhosos e que elas adoram ser nossas amigas. Mas se uma única pessoa nos critica, ficamos arrasados. O gravador humano fica tocando repetidamente essa fita, esquecendo-se dos comentários positivos e lamentando as observações críticas.

Seja amável. Seja gentil. Nunca se esqueça de que o espírito das pessoas se abate com facilidade. Diga aos outros o quanto você se importa com eles antes de dar qualquer conselho corretivo. Depois de um comentário negativo, demonstre respeito, amor e preocupação pela pessoa.

2. *Concentre-se nas habilidades e não nos aspectos vulneráveis.* Nunca conheci alguém que fosse capaz de fazer qualquer coisa de va-

lor usando suas fraquezas. Diga às pessoas o que você aprecia no desempenho delas antes de sugerir melhoras. Descubra alguma coisa, por mais ínfima ou insignificante que possa parecer, mas que você possa elogiar. É muito mais fácil engolir uma crítica quando esta é precedida de uma avaliação sincera e positiva daquilo que fazemos bem.

3. *Verifique seus motivos.* A crítica é com freqüência uma tentativa de elevar nosso autoconceito, comparando nossos defeitos com as fraquezas que notamos nos outros. Se eu conseguir apontar uma falha na sua vida, a minha não parecerá tão ruim. Quando sou especialmente sensível a uma área da minha vida que precisa ser ajustada, é aconselhável que eu tenha cuidado com aquilo que procuro nos outros. Lord Chesterfield disse: "As pessoas odeiam aqueles que as fazem sentir a própria inferioridade." Veja bem. Você está realmente tentando ajudar, ou está sendo motivado pelo esforço de expandir seu ego? Um autor desconhecido acrescenta: "Freqüentemente é a nossa própria imperfeição que nos faz reprovar a imperfeição dos outros; um narcisismo perspicaz da nossa parte que não consegue perdoar o narcisismo dos outros."

Alice Duer Miller diz: "Se é doloroso para você criticar seus amigos, você pode fazê-lo com segurança. Mas se você sente algum prazer, por menor que seja, em fazê-lo, é chegado o momento de ficar calado."

4. *Mantenha a sua atitude sob controle.* A crítica transmite a seguinte idéia: "Eu quero que você se sinta tão miserável quanto eu estou me sentindo." Não dizemos isso para os outros. Mas pense bem. Quando é que você critica mais os outros? Quando sua vida está fluindo como um lindo sonho? Provavelmente não. Ou será quando você está tendo um dia difícil? Mostrar-se sensível às próprias emoções o

ajudará a abster-se de transmitir a idéia de que, porque você está de mau humor, alguém está prestes a pagar o pato. Cuidado para não culpar os outros pela maneira como você está se sentindo.

5. *Ofereça ajuda.* "O que posso fazer para ajudar?" Esta é uma pergunta poderosa. Abraham Lincoln acreditava que: "Aquele que tem o desejo de ajudar tem o direito de criticar."

A crítica envenena o espírito das pessoas. Ela despedaça pouco a pouco a auto-estima. O retraimento busca a segurança, e a atitude defensiva vem à tona. Perde-se a confiança, o amor definha. O crescimento, a cooperação, o amor, a sensibilidade, o estímulo e a compreensão não podem subsistir em um relacionamento devastado pela crítica. Se você persistir em salientar limitações, a destruição é iminente.

Faça sugestões amáveis. Discuta com sinceridade e objetividade expectativas não alcançadas. Ofereça polidamente um conselho. Incentive as pessoas a serem o melhor que lhes é possível ser. Aceite-as pelo que elas são – com erros e tudo o mais.

O crítico é aquele que nunca vai efetivamente para a batalha, mas aparece depois atirando nos feridos.

TYNE DALY

AUMENTE O SEU CÍRCULO DE INFLUÊNCIA

Você consegue fazer mais amigos em dois meses demonstrando seu verdadeiro interesse pelas outras pessoas do que em dois anos tentando fazer com que os outros se interessem por você.

DALE CARNEGIE

Quantas páginas tem sua agenda de telefones? Quantas pessoas você considerou suficientemente importantes para que fossem relacionadas na seção de telefones e endereços da sua agenda? Quando foi a última vez que você acrescentou alguém à sua lista de pessoas importantes a quem recorrer?

Quantas vezes você entrou na sala de uma reunião de negócios, de um seminário, reunião social ou evento comunitário e examinou rapidamente a audiência para ver se conhecia alguém? Quantas pessoas interessantes você deixou passar por se ater apenas a pessoas conhecidas e por só querer manter contato com a "sua turma"?

Não apenas é aconselhável que você se harmonize com atividades e um estilo de vida que produza uma visão mais ampla da vida, mas também é importante que você se alie a um círculo de influências cada vez mais amplo. Cerque-se de pessoas excepcionais que tenham descoberto o mundo de uma maneira diferente da sua.

A maioria de nós se sente à vontade ao lado dos conhecidos. Jogamos golfe todas as vezes com a mesma dupla, nos associamos aos mesmos companheiros de trabalho, almoçamos sempre com as mesmas pessoas, freqüentamos eventos sociais com o nosso círculo seleto e participamos das mesmas discussões filosóficas com as pessoas de sempre.

Crie e tire partido de cada oportunidade de conhecer pelo menos uma pessoa nova a cada semana. Saia da sua zona de conforto e apresente-se a alguém.

Na próxima vez que for colocar combustível no carro, puxe conversa com o frentista. Pergunte ao garçom do restaurante qual a situação mais interessante com a qual ele teve que lidar no dia-a-dia. Ao fazer uma compra por telefone, peça à pessoa que o atender para falar sobre as coisas que ela mais aprecia no trabalho que faz. Mantenha contato com cerca de meia dúzia de pessoas na sua comunidade e faça perguntas a elas sobre a profissão delas.

As oportunidades são intermináveis. No entanto, você precisa começar a ver cada pessoa que encontrar como uma oportunidade de aprender, crescer e expandir sua inteligência.

Faça voar pelos ares as barreiras da timidez, do medo, do constrangimento, ou até mesmo da apatia, para mostrar aos outros o quanto você está interessado na vida e nas experiências deles. Você ficará impressionado ao ver como as pessoas complacentes se comportam quando você manifesta um interesse sincero por elas. Precisamos de diferentes tipos de pessoa para nos desafiar, estimular, promover e, acima de tudo, nos ajudar a alcançar uma dimensão mais ampla de nós mesmos.

Hoje vou encontrar pessoas que falam demais – pessoas egoístas, egocêntricas, ingratas. Mas não vou ficar surpreso ou perturbado com isso, pois não consigo imaginar um mundo sem essas pessoas.

MARCO AURÉLIO

NÃO MENOSPREZE OS
PEQUENOS GESTOS DE BONDADE

Na hora da morte, quando nos virmos frente a frente com Deus, seremos julgados em função do amor – não em função de quanto nós fizemos, mas de quanto amor colocamos nas nossas ações.

MADRE TERESA

Calvin Coolidge foi convidado para um jantar cujo anfritião era Dwight Morrow, pai de Anne Morrow Lindbergh. Depois que Coolidge foi embora, Morrow disse que achava que Coolidge seria um bom presidente. As outras pessoas discordaram da opinião dele e começou uma discussão a respeito das qualificações de Coolidge. Os que não acreditavam no seu potencial para a presidência achavam que ele era calado demais e carecia de carisma e personalidade. Ele simplesmente não era suficientemente simpático, disseram.

Anne, então com 6 anos de idade, resolveu dar sua opinião. "Eu gosto dele", disse ela, e continuou, exibindo para todos um dos dedos da mão coberto por um esparadrapo: "Ele foi a única pessoa na festa que perguntou como estava meu dedo machucado, e por isso eu acho que ele seria um bom presidente", disse a pequena Anne.

O argumento de Anne era muito bom. Talvez perguntar a uma menina pelo dedo machucado não seja necessariamente uma qualificação legítima para a presidência, mas um espírito bondoso é uma maneira infalível de impressionar os outros. A bondade, a sincera manifestação de amor, faz as pessoas ao seu redor se sentirem amadas e importantes.

São inúmeras as oportunidades de ser bom. Se alguém lhe pagasse alguns centavos cada vez que você fosse amável e cobrasse cinco centavos por palavra ou ato indelicado de sua parte, você seria rico ou pobre?

Sorria para as pessoas que você encontra na rua. William Arthur Ward acreditava que "Um sorriso caloroso é a linguagem universal da bondade".

Use as preciosas palavras "por favor" e "obrigado" sempre que possível. Santo Ambrósio disse que "nenhuma obrigação é mais urgente do que a de dizer obrigado".

Demonstre interesse pelos que estão sofrendo, muito ou pouco. Deixe que as outras pessoas passem à sua frente na fila do caixa do supermercado (isso é difícil para mim). Abra passagem para que os outros mudem de pista em hora de tráfego intenso. Abra a porta para alguém que esteja entrando no mesmo prédio que você. Cumprimente calorosamente as pessoas que encontrar nos corredores de um hotel.

Você poderá estar se perguntando: "Será que isso não é um pouco simplista?" Você tem razão. Contudo, você se lembra do que impressionou Anne Morrow? Foi uma manifestação sensível de interesse por um dedo machucado que exerceu uma impressão positiva. Simples? Talvez. Eficaz? Sem dúvida. É a constância dos nossos pequenos atos de bondade que fazem as pessoas sentirem um aroma agradável à nossa volta onde quer que vamos.

Quando nos lembramos da nossa falta de amabilidade para com amigos que já passaram para o outro lado, gostaríamos de tê-los de volta, mesmo que apenas por um momento, para nos ajoelharmos diante deles e dizer: "Tenha pena de mim e me perdoe."

MARK TWAIN

"Espalhe seu amor por toda parte", foram as palavras de estímulo de Madre Teresa. "Primeiro, na sua casa. Dê amor aos seus filhos, ao seu marido ou à sua mulher, ao seu vizinho... nunca permita que uma pessoa o procure sem que ela parta se sentindo melhor e mais feliz. Seja a expressão viva da bondade de Deus; mostre bondade no rosto, nos olhos, no sorriso e na maneira calorosa com que você cumprimenta as pessoas."

ATOS OCASIONAIS
DE BONDADE

Li a história de uma mulher que foi atender à porta e deparou com um homem que tinha uma expressão triste no rosto. "Sinto incomodá-la", disse ele, "mas estou recolhendo dinheiro para uma infeliz família da vizinhança. O marido está desempregado, as crianças com fome, a despensa vazia, a luz e o gás estão prestes a serem cortados e, o que é pior, eles vão ser despejados se não pagarem o aluguel até o final da tarde de hoje."

"Terei prazer em ajudar", disse a mulher demonstrando grande interesse. "Mas quem é o senhor?"

"Eu sou o locador", respondeu o homem.

Não é preciso dizer que o locador não é um exemplo invejável de bondade. Por outro lado, todos provavelmente conseguimos nos lembrar de ocasiões em que usamos a bondade para obter o que queríamos ou convencer alguém a fazer alguma coisa que iria nos beneficiar. Mas a bondade desinteressada nasce de motivos desinteressados.

De acordo com a Associated Press, Chuck Wall, instrutor de relações publicas do Bakersfield College, na Califórnia, assistia a um noticiário local na televisão quando o comentário de um locutor chamou sua atenção: "Mais ato incomum e insensato de violência."

Não se esqueça de que a mais importante medida do seu sucesso será a maneira como você trata os outros – sua família, seus amigos, seus colegas de trabalho e até mesmo desconhecidos que você encontra pelo caminho.

BARBARA BUSH

Wall teve uma idéia. Deu a seus alunos uma tarefa pouco comum e desafiadora. Eles deveriam fazer algo diferente para ajudar alguém e depois escrever uma dissertação sobre o que fizessem.

Uma coisa levou a outra. Wall criou então um adesivo com os seguintes dizeres: "Hoje cometerei um ato incomum e insensato de BONDADE... Você fará o mesmo?" Os estudantes venderam o adesivo por um dólar cada e doaram o lucro para um centro braile da cidade.

Uma diversidade impressionante de atos de bondade foram praticados. Certo aluno pagou as contas de luz e gás da mãe. Outro comprou trinta cobertores do Exército da Salvação e levou-os para pessoas pobres que moravam debaixo de uma ponte.

A idéia se espalhou. Adesivos foram colados nos 113 carros da patrulha do município. A mensagem foi anunciada nos púlpitos e nas escolas, além de receber o apoio de associações profissionais.

Ao refletir sobre o sucesso da sua iniciativa, ele fez o seguinte comentário: "Eu não tinha a menor idéia de que a nossa comunidade estava tão necessitada de algo positivo."

Não é apenas a comunidade do Sr. Wall que precisa de atos ocasionais de bondade.

Depois que Wausau, uma cidade do estado de Wisconsin, foi o tema de uma reportagem negativa no programa de TV *60 Minutes*, o jornal *The Wausau Daily Herald* convenceu as empresas locais a co-patrocinar a Semana de Atos Ocasionais de Bondade.

Empresas, instituições e pessoas foram incentivadas a praticar atos simples de bondade para pessoas que elas conheciam ou não. A receptividade foi astronômica. Mais de duzentas empresas e instituições participaram do projeto. Os funcionários do jornal saíram vestidos com camisetas estampadas com os dizeres *Atos Ocasionais de Bondade* e praticaram toda sorte de boas ações.

Instituições bancárias lavaram as janelas dos veículos que aguardavam na fila do serviço de atendimento bancário no carro, grupos das igrejas cortaram a grama de pessoas da vizinhança, cinemas distribuíram entradas gratuitas para quem estava na fila. Uma pessoa entrou em um restaurante e pagou uma xícara de café para todos os que estavam no recinto. O jornal manteve um canal direto aberto para que as pessoas pudessem telefonar e contar os atos de bondade que tivessem presenciado. Houve mais de quinhentos telefonemas. A receptividade foi tão grande que o jornal local *The Wausau Daily* resolveu repetir o evento no ano seguinte.

Que tal criar um estilo de vida que tenha como ponto central atos ocasionais de bondade? Seu lema poderia ser: "Todos os dias, de alguma maneira, serei generoso com alguém que não esteja em condição de me retribuir." Você vai se surpreender com os resultados.

A cortesia é a única moeda que você nunca pode ter em excesso ou economizar demais.

WANAMAKER

AMIZADE

✵

*Amigo é aquele que nos oferece
compreensão, apoio e discrição,
e, com um pouco de sorte, ainda
nos presenteia com discernimento,
sabedoria e uma
oportuna insensatez.*

JOHN R. O'NEIL

RETRATO
DE UMA AMIZADE

O seguinte retrato de uma amizade foi extraído do *Book of Sunshine:*

As pessoas que ligam o rádio para ouvir notícias de esporte talvez tenham ouvido esta história de interesse humano do Presidente Dwight Eisenhower. A história aconteceu numa pequena cidade do Kansas, onde Dwight Einsenhower passou a infância e a adolescência. Ele era um rapaz bonito, forte e viril, com o espírito de um atleta. Escolheu o boxe como passatempo, e sua ambição e técnica excelente logo fizeram dele o campeão de boxe da cidade. Ninguém ousava desafiar a perícia do jovem Eisenhower.

Certo dia, porém, um rapaz chegou à cidade. Ele dizia chamar-se Frankie Brown. Tinha a reputação de ser boxeador profissional, e logo ouviu falar no ambicioso Eisenhower. Organizou-se uma luta entre os dois jovens atletas. Ninguém conseguiu dizer quem foi o vencedor, mas ambos lutaram tão bem que antes de a disputa terminar, os dois haviam se tornado amigos.

Terminada a luta, eles foram a um restaurante onde discutiram os planos que tinham para o futuro. Eisenhower queria ir para a faculdade, mas Brown queria ser pugilista profissional. Eisenhower tentou persuadir Brown a primeiro obter um diploma de nível superior. Tarde da noite, os dois saíram do restaurante determinados a freqüentar a universidade.

Frankie Brown ingressou na Notre Dame. A determinação que o levara a seguir o conselho de Dwight Eisenhower também o ajudou a tornar-se o famoso e querido treinador de futebol americano da Notre Dame – Knute Kenneth Rockne.

Numa hora fatídica do dia 31 de março de 1931, o avião no qual Knute Rockne voava para visitar o velho amigo no Kansas caiu, pondo fim a uma vida que havia combinado a determinação, a amizade e a perícia de um Eisenhower.

Certa vez, em um restaurante, perguntaram a Henry Ford: "Quem é o seu melhor amigo?"

Ford pensou por um momento, pegou seu lápis e escreveu em letras garrafais na toalha de mesa: "O melhor amigo é aquele que traz à tona o que há de melhor em nós."

A amizade de Rockne e Eisenhower exemplifica essa crença. Eles desafiaram um ao outro, encorajaram-se mutuamente a derrubar os obstáculos às suas expectativas pessoais e construíram um relacionamento de respeito mútuo. Essa combinação inspirou Knute Rockne e Dwight Eisenhower a tentar atingir o potencial individual de cada um.

É agradável ter amigos que nos façam rir. Gosto dos amigos que oferecem um conselho sincero. Amigos que querem compreender o que é importante para mim são muito preciosos. Respeito profundamente os amigos que celebram genuinamente os meus momentos de sucesso e me incentivam nas horas de fracasso. Não quero deixar de lado os amigos que me ajudam a manter o meu lado infantil e bem-humorado. Mas nenhum amigo se equipara ao que me desafia a ser tudo o que Deus planejou para mim. Todo mundo precisa de um amigo assim.

Acho mais fácil relacionar-me com dez mil pessoas do que com uma só.

JOAN BAEZ

VOCÊ ALIMENTA
OU SUGA AS PESSOAS?

Fazer algo, por menor que seja, para fazer os outros felizes e se sentirem melhor, é a mais elevada ambição, a maior esperança que pode inspirar um ser humano.

JOHN LUBROCK

Estou mais convencido do que nunca de que o sucesso e a realização na vida estão na proporção direta do investimento que fazemos nas pessoas. Se alguém passar o dia inteiro com você, como ele vai se sentir ao final do dia – fortalecido ou esgotado? Você é o tipo de pessoa que busca maneiras de transmitir esperança, coragem e boa disposição, ou você tende a suprir as próprias necessidades por meio de seus relacionamentos?

A boa notícia é que ninguém precisa viver nem mais um minuto sequer sugando energia das outras pessoas. Podemos expandir nossos hábitos de acumulação, realização e reabastecimento fazendo com que as pessoas gostem mais de si mesmas e de sua vida quando estiverem conosco. Considere algumas ações práticas a serem colocadas na sua programação diária de relacionamentos.

1. *Tenha em mente os fundamentos.* Numa noite de tempestade do ano de 1860, o *Lady Elgin* colidiu com uma barcaça que transportava madeira de construção e afundou, deixando 393 pessoas em perigo mortal nas águas do Lago Michigan. Duzentas e setenta e nove dessas pessoas desapareceram nas águas do lago. Um jovem estudante universitário, chamado Edward Spencer, mergulhou repetidas vezes na

água para salvar as pessoas. Depois de retirar dezessete pessoas da água gelada, ele foi dominado pela exaustão e desfaleceu. Ele nunca mais conseguiu ficar de pé. Pelo resto da vida, Spencer ficou preso a uma cadeira de rodas. Anos mais tarde, alguém lhe perguntou qual a lembrança mais vívida que ele tinha daquela noite fatídica. "O fato de que nenhuma das dezessete pessoas jamais ter vindo me agradecer", foi a resposta dele, segundo um jornal de Chicago.

Estou certo de que você concordará em que isso é impensável. Como é possível que dezessete pessoas, que sobreviveram graças a esse rapaz, tenham deixado de demonstrar gratidão? Antes de as julgarmos com excessiva severidade, talvez valha a pena avaliar nossa coerência recordando os fundamentos da boa educação. Sorria. Diga "por favor" e "obrigado". Diga o primeiro nome das pessoas ao falar com elas. Cumprimente as pessoas com um caloroso "olá!" ou "bom dia!" Demonstre interesse pelo bem-estar dos seus colegas de trabalho. Mantenha um ponto de vista positivo e otimista com relação a assuntos que outras pessoas tendem a ver com maus olhos. Imagine como os outros se sentem. Seja um defensor da dignidade e do respeito por todas as pessoas.

O valor desses fundamentos costuma ser subestimado, tido como certo ou totalmente desconsiderado. Atos simples como esses revelam a atitude interessada e solidária que possuem os incentivadores. Reveja a lista e encontre maneiras de praticar continuamente os pequenos atos de bondade que produzem grandes dividendos.

2. Passe uma mensagem de incentivo. Você já notou como alguns casamentos, amizades e relacionamentos entre pais e filhos são vibrantes e expansivos, enquanto outros parecem devastados pelo desânimo? Talvez isso se deva a uma diferença de atitude. Se as pessoas incentivam umas às outras, toda a atmosfera se renova; mas um espírito crítico e negativo gera tensão e conflito.

Bruce Larson ilustra o poder do incentivo em seu livro *Wind and Fire*. Escrevendo sobre os grous, ele diz: "Esses grandes pássaros que percorrem enormes distâncias, voando através de continentes inteiros, possuem três qualidades extraordinárias. Primeiro, eles se revezam na liderança. Nenhum pássaro permanece o tempo todo à frente dos demais. Segundo, eles escolhem líderes capazes de lidar com a turbulência. E por último (e esta é a minha favorita), durante todo o tempo em que um dos pássaros está na liderança, os outros soltam grasnidos de incentivo."

Examine a sua atitude. Você costuma criticar as pessoas, as situações e a vida em geral? Você se queixa do serviço que outra pessoa está fazendo ou deveria ter feito? Você tem espírito negativo? Se você for assim, procure tornar-se um amigo, cônjuge, pai ou mãe e colega de trabalho com um "grasnido positivo". As pessoas negativas que vivem se queixando são sugadoras de energia. As pessoas com espírito positivo inspiram os outros a voar mais alto e para mais longe.

É impressionante como os hábitos singulares dos grous se aplicam a nós. Quando as pessoas sistematicamente estimulam e incentivam os outros, a atmosfera que envolve seus relacionamentos é gratificante. As pessoas se sentem seguras, não têm medo de correr riscos e têm sentimentos mais saudáveis a respeito de si mesmas. Virginia Arcastle dizia: "Quando as pessoas se sentem seguras, importantes e valorizadas, elas não sentem mais necessidade de diminuir os outros para parecerem maiores."

Examine os seus relacionamentos. Que tipo de mensagens você tem passado ultimamente?

3. *Acredite nas pessoas*. Dale Carnegie disse: "Diga a uma criança, ao marido ou a um funcionário que ele não sabe fazer bem uma coisa, que ele não tem nenhum talento para isso ou que ele está fazendo tudo errado, e você terá destruído praticamente todo o incentivo para que ele tente melhorar. Mas se você usar a técnica oposta, for liberal e oferecer incentivo, fizer com que a tarefa pareça fácil, disser à pessoa que você confia na capacidade dela, que ela tem uma aptidão inata para a tarefa, a pessoa se exercitará até o dia raiar para conseguir se destacar."

De acordo com um artigo publicado na edição da revista *Homemade* de março de 1992, havia um rapaz em Londres que queria ser escritor, mas a sorte não parecia sorrir para ele. Ele só freqüentara a escola durante quatro anos e seu pai estava na cadeia por não ter dinheiro para pagar as dívidas. Para poder comer, o rapaz aceitou o emprego de colar etiquetas em garrafas num armazém infestado de ratos. Ele dormia num sótão com dois outros jovens dos bairros pobres. Como tinha muito pouca confiança em si mesmo e na sua habilidade de escrever, ele saiu secretamente no meio da noite para colocar no correio seu primeiro original, para que ninguém risse do seu sonho. Esse original, além de inúmeros outros, foi recusado. Finalmente, uma de suas histórias foi aceita. Ele não recebeu nenhuma remuneração, mas o editor elogiou-lhe o trabalho. Esse pequeno elogio fez com que ele vagasse sem rumo pelas ruas com lágrimas a escorrerem-lhe pelo rosto. O cumprimento o inspirou a prosseguir e a se aperfeiçoar. E foi o embrião de uma brilhante carreira para Charles Dickens.

Donald Laird disse: "Ajude sempre as pessoas a aumentar a auto-estima. Desenvolva sua habilidade de fazer as outras pessoas se sentirem importantes. Não há gentileza maior que se possa fazer a uma pessoa do que ajudá-la a ser útil e extrair satisfação disso."

Expressar nossa crença e nossa fé nas pessoas pode servir de inspiração para que elas sigam seus sonhos. Descubra a semente de realização que espera para ser nutrida. Ajude as pessoas a acreditar mais em si mesmas e veja-as florescerem.

4. *Expresse seu amor.* Receio que muitos de nós possam se espelhar naquele homem que disse à mulher: "Querida, quando penso no quanto eu a amo, mal consigo me conter para dizer-lhe isso."

Dizer a uma pessoa o quanto ela significa para nós parece ser uma das atitudes básicas de qualquer relacionamento. E deveria sê-lo. Mas não é. Podemos querer dizer aos outros o quanto eles significam para nós, mas não dizemos. Queremos ouvir palavras de amor e afeto e ficamos desapontados com a raridade com que essas mensagens chegam aos nossos ouvidos. Em virtude da nossa natureza, nosso coração é receptivo a mensagens de amor.

No seu livro *In the Arena*, o ex-presidente Richard Nixon falou da depressão que sentiu depois de renunciar à presidência e se submeter a uma cirurgia. No apogeu do desalento, ele disse à esposa, Pat, que simplesmente queria morrer.

Quando o Sr. Nixon estava na mais profunda depressão, uma enfermeira entrou no quarto, abriu a cortina e apontou para um pequeno avião que voava de um lado para outro. A aeronave puxava uma faixa que dizia: DEUS O AMA E NÓS TAMBÉM. Essa manifestação estimulante e poderosa de amor havia sido preparada pela esposa evangélica de Billy Graham. Nixon declarou que esse foi um momento crítico. O fato de ele saber que alguém se importava com ele levantou seu ânimo e lhe conferiu a coragem e o desejo de prosseguir.

Certa vez alguém disse: "Gostar dos outros sem dizer a eles o que você sente é como piscar para alguém no escuro. Só você sabe o que está fazendo."

Não fique na intenção de expressar o seu amor e reconhecimento por aqueles de quem você gosta. Tome a iniciativa. Não espere que a outra pessoa faça alguma coisa – vocês dois poderão ter de esperar um longo tempo. Nunca pressuponha que os outros sabem como você se sente a respeito deles. Abrace uma pessoa de que você gosta, dê uma palmadinha nas costas dela e diga: "Eu gosto de você", ou "Você é muito importante para mim", ou "Eu me importo com você".

Isso nos faz sentir bem.

Alguém poderá dizer: "Não gosto dessa atitude pegajosa e sentimental. Não me sinto bem abraçando as pessoas e fazendo elogios em voz alta." Se você se identifica com o que acabo de dizer, eis outra opção para você. Escreva uma carta ou envie um bilhete para alegrar o dia de alguém. Quem poderia ficar contente com um elogio, uma demonstração de interesse ou um cartão com um cumprimento por um trabalho bem-feito? Não deixe o impulso passar sem tomar uma atitude. Dê um passeio até o correio.

5. *Preserve a auto-estima das pessoas*. Gosto do comentário de Ward Beecher que diz: "Existem pessoas tão radiantes, tão geniais e que nos dão tanto prazer, que instintivamente nos sentimos bem na presença delas. Quando elas entram em um aposento é como se uma lâmpada tivesse sido acesa."

Tive o privilégio de trabalhar vários anos como voluntário em um programa de basquete com jovens dos primeiros anos do ensino médio. Seria bom se eu pudesse dizer que sempre fui o tipo de pessoa descrito por Beecher, mas não fui. Aprendi, contudo, que, quando aumentamos a auto-estima dos jovens, eles se abrem ao aprendizado.

Imagine a pequena Laurie, de 12 anos de idade, tentando fazer a bola entrar no cilindro redondo. Ela está arrasada e você se aproxima dela e diz: "Laurie, gosto de ver você dar tudo de si no seu arremesso. Acho que você vai ser uma boa jogadora de basquete."

Laurie fica felicíssima. Ela se torna receptiva e ansiosa por aprender mais. Ela é toda ouvidos quando você acrescenta: "Laurie, você tem a tendência de voltar o cotovelo para fora e fazer o arremesso com as mãos. Deixe-me mostrar a você a maneira correta de fazer o arremesso." Parece simples, não parece? O melhor é que preservar a auto-estima das pessoas é simples, se você tiver a motivação certa. Em vez de se preocupar em corrigir, deixe que seu ensinamento se baseie na afirmação.

O seguinte exemplo extraído de *Our Daily Bread* dá o toque final na importância de preservarmos a auto-estima. Benjamin West estava tentando tomar conta da sua irmãzinha, Sally, da melhor maneira possível. Durante a ausência da mãe, Benjamin encontrou alguns potes de tinta colorida e começou a pintar um retrato de Sally. Quando a Sra. West voltou para casa, havia manchas de tinta na mesa, nas cadeiras e no chão. A mãe de Benjamin examinou a bagunça sem proferir uma única palavra, até que ela viu o retrato. Ela o pegou e exclamou: "Nossa, é a Sally!" Ela então se abaixou e beijou o filho.

Em 1763, aos 25 anos de idade, Benjamin West foi nomeado pintor oficial do Rei Jorge III da Inglaterra. Ele se tornou um dos artistas mais famosos da sua época. Ao comentar sobre o início da sua carreira artística, ele disse: "O beijo da minha mãe fez de mim um pintor."

Cada um de nós anseia por algo que nos satisfaça, que nos engrandeça, que nos estimule. Encontramos muitas pessoas ao longo do caminho preocupadas em nos indicar onde falhamos, onde não nos mostramos à altura das expectativas ou em que áreas da vida não fomos perfeitos. Esses sugadores de energia se apresentam às centenas. Precisamos de pessoas que nos façam sentir que temos valor simplesmente pelo que somos.

Possibilite às pessoas dizerem a você: "Gosto mais de mim quando estou ao seu lado."

Lembre-se dos fundamentos, use palavras de incentivo, acredite nas pessoas mais do que elas acreditam em si mesmas, expresse livremente seu amor e preserve a auto-estima das pessoas.

Não faça aos outros o que você acha que eles deveriam fazer a você. O gosto deles pode não ser igual ao seu.

GEORGE
BERNARD SHAW

VOCÊ PRECISA
DE UM POUCO DE ESPAÇO

Para que o fogo não se extinga, mantenha as duas toras juntas, próximas o suficiente para se manterem aquecidas, e separadas o bastante – à distância de um dedo uma da outra – para poderem respirar. Para um bom fogo, como para um bom casamento – a regra é a mesma.

MARNIE REED CROWELL

Algumas pessoas insistem em que o cônjuge participe de cada momento da vida deles.

Os especialistas em relacionamentos indicam que os casamentos saudáveis são interdependentes, ou seja, os casais se sentem à vontade em situações que exigem independência e também desfrutam de uma dependência periódica. À semelhança do que ocorre com qualquer amizade, o perigo está presente quando as pessoas envolvidas não aprendem a ser independentes. A dependência obsessiva é capaz não apenas de destruir relacionamentos como de inibir a oportunidade do aprendizado da auto-suficiência.

Um artigo publicado no dia 3 de fevereiro de 1984 no *Los Angeles Times* conta a história de um casal de Vista, na Califórnia, que caiu doente ao mesmo tempo. O artigo conta como Harry e Cora Walker haviam sido inseparáveis nos cinqüenta anos em que viveram juntos. Quando ficaram doentes, eles foram internados num hospital. Harry foi para um quarto com pneumonia, enquanto Cora foi para o outro com um problema renal. Eles se visitavam diariamente, mas em poucos dias Harry piorou e morreu. Oito horas depois do falecimento do marido, Cora também morreu.

A interdependência conjugal é fruto da independência saudável de uma pessoa. Quando aprendemos a buscar o que há de melhor dentro de nós mesmos e do nosso parceiro, sentimos alegria de viver, quer estejamos juntos quer separados.

O casamento é como uma longa viagem num bote minúsculo. Se um dos passageiros começa a balançar o barco, o outro precisa equilibrá-lo, senão eles afundarão juntos.

DAVID REUBEN

EMPATIA

Estamos todos no mesmo barco – sozinhos.

LILY TOMLIN

CURA PARA
OS SOLITÁRIOS

A triste verdade contida no comentário de Lily Tomlin veio à tona em outubro de 1993 quando as principais redes de televisão anunciaram uma história ocorrida em Worcester, Massachusetts. A polícia encontrou uma mulher morta no chão da cozinha. Adele Gaboury havia morrido de causa natural aos 73 anos de idade – quatro anos antes de ser encontrada. Ninguém sentiu falta dela.

Como isso pode ser possível? Como a morte de um ser humano pode passar despercebida durante quatro anos? De acordo com a Associated Press, alguns vizinhos haviam notificado as autoridades há alguns anos ao notar uma quantidade fora do comum de correspondência e jornais acumulados e ao perceberem que o gramado não estava sendo cuidado.

Quando a polícia entrou em contato com o irmão da Sra. Gaboury, ele declarou que ela havia sido internada em uma casa de repouso para pessoas idosas. A polícia disse à empresa de correios e telégrafos que interrompesse a entrega da correspondência. Os vizinhos passaram a cuidar do jardim e pediram à empresa de serviços públicos que fechasse a água quando um cano congelou, se rompeu e a água começou a jorrar por baixo da porta. Ninguém

Calor, bondade e amizade são os bens mais desejados no mundo. A pessoa que conseguir proporcioná-los aos outros nunca estará sozinha.

ANN LANDERS

A solidão é a prisão
do espírito humano.

JOHN POWELL

suspeitou que o corpo sem vida da Sra. Gaboury pudesse estar caído do lado de dentro.

Uma antiga amizade comentou: "Ela não queria ser incomodada por ninguém. Acho que ela conseguiu o que queria, mas tudo isso é muito triste."

De acordo com as notícias dos jornais, Adele morou nessa casa num bairro de classe média durante quarenta anos, mas nenhum dos seus vizinhos a conhecia bem. "Sinto-me muito triste por ela", teria dito um vizinho, "mas não podemos culpar ninguém. Mesmo quando nos via do lado de fora, ela nunca nos cumprimentava."

Acredito que Adele Gaboury vivia num mundo solitário. Estava rodeada por pessoas, mas ao mesmo tempo se encontrava sozinha. Embora tudo indique que ela fazia pouco esforço para entrar em contato com as pessoas à sua volta, também é claro que poucas pessoas a cumulavam de atenção.

Essas circunstâncias infelizes nos fazem lembrar que o dar e o receber são interdependentes. Trabalham em conjunto para formar as leis naturais que governam os nossos relacionamentos. Recebemos o que damos aos outros. Aquilo que transmitimos volta para nós. Colhemos o que plantamos. Em outras palavras, o que vai, volta. Traduzindo em miúdos, quando você procura satisfazer as necessidades das outras pessoas, suas necessidades são satisfeitas também.

Podemos aprender uma valiosa lição a partir da experiência de Adele Gaboury. O que teria acontecido se Adele e seus vizinhos tivessem compreendido e vivido segundo as leis naturais? Se tivessem sorrido, sido amigos; se tivessem oferecido ajuda, praticado amabilidades; se tivessem sido generosos e gentis. Se tivessem demonstrado cortesia, compartilhado o amor. Inúmeros outros gestos teriam produzido uma resposta semelhante.

No entanto, precisamos estar dispostos a compartilhar essas manifestações para recebê-las. Uma vida solitária e uma morte despercebida são desnecessárias. Seja paciente e persistente ao buscar oportunidades de satisfazer as necessidades dos outros. Não hesite. "Nunca é cedo demais para fazer uma gentileza", disse Ralph Waldo Emerson, "porque você não sabe quando será tarde demais."

A mais terrivel pobreza é a solidão e o sentimento de que não somos queridos.

MADRE TERESA

SEJA IMPORTANTE

PARA AS PESSOAS

Nada fazer pelos outros é o mesmo que desfazer-se de si mesmo. Precisamos ser deliberadamente gentis e generosos; caso contrário, deixamos escapar o melhor da existência. O coração que sai de si mesmo cresce e se enche de alegria. Esse é o grande segredo da vida interior. Fazemos um bem extraordinário a nós mesmos quando fazemos algo pelos outros.

HORACE MANN

A Pérsia certa vez foi governada por um xá sábio e estimado. Ele se preocupava profundamente com o seu povo e só desejava o melhor para os persas. Estes sabiam que o xá tinha um interesse pessoal nos assuntos deles e que tentava compreender de que maneira suas decisões afetavam a vida do povo. De vez em quando, ele se disfarçava e vagava pelas ruas, tentando ver a vida a partir da perspectiva das pessoas comuns.

Certo dia, ele se disfarçou de homem pobre do povoado e foi visitar os banhos públicos. Muitas pessoas estavam no local relaxando e conversando com os amigos. A água para os banhos era aquecida por uma fornalha situada no porão, onde um homem era responsável por manter a água sempre a uma temperatura agradável. O xá decidiu então fazer uma visita a esse homem que cuidava incansavelmente do fogo.

Os dois homens fizeram juntos uma refeição e o xá resolveu ser amável com o homem solitário. Dia após dia, semana após semana, o governante foi visitar o homem que cuidava do fogo. O desconhecido logo se apegou a esse visitante porque ele ia a um lugar onde ninguém mais ia. Nenhuma outra pessoa havia demonstrado por ele esse tipo de carinho ou interesse.

Certo dia, o xá revelou sua verdadeira identidade. Foi um gesto arriscado, porque ele temia que o homem fosse pedir a ele um presente ou favores especiais. Em vez disso, o novo amigo do xá o olhou nos olhos e disse: "O senhor deixou seu palácio confortável e sua glória para se sentar comigo nesta masmorra escura. O senhor comeu a minha comida amarga e demonstrou que se interessava genuinamente pelo que acontecia comigo. Talvez o senhor dê ricos presentes a outras pessoas, mas a mim o senhor deu a melhor dádiva de todas: me deu o senhor mesmo."

Há milhares de anos as pessoas especulam sobre a essência dos relacionamentos humanos de qualidade. Com todas as filosofias, teorias e especulações, um único princípio parece manter-se firme. Ele não é novo. Na verdade, é quase tão antigo quanto a própria História. Teria sido ensinado por Zoroastro aos adoradores do fogo, na Pérsia, há mais de três mil anos. Confúcio enfatizou esse princípio na China há 24 séculos. Os seguidores do taoísmo habitavam o Vale do Han. Seu líder, Lao-Tzu, ensinava incessantemente esse princípio. Quinhentos anos antes de Cristo, Buda o ensinou aos seus discípulos às margens do sagrado Rio Ganges. As escrituras do hinduísmo continham esse princípio mais de mil e quinhentos anos antes de Cristo. Há vinte séculos, Jesus ensinou a seus discípulos e seguidores um princípio bastante semelhante. Ele o resumiu num único pensamento: "Faça aos outros o que você gostaria que eles fizessem a você."

A capacidade de dar com altruísmo provavelmente não seria popular como um curso básico de estudos na escola do sucesso. Embora o que nos permite viver seja o que recebemos, as verdadeiras recompensas são experimentadas em virtude do que damos. Sua rea-

Se você quer que os outros o respeitem, você precisa mostrar respeito por eles... Todo mundo deseja sentir-se útil para alguma coisa e importante para alguém. As pessoas invariavelmente dão seu amor, respeito e atenção às pessoas que satisfazem essa necessidade. A consideração pelos outros geralmente reflete a fé no eu e a confiança nos outros.

ARI KIEV

lização no final do dia não será completa – mesmo que você tenha sido um sucesso de acordo com os padrões sociais –, se você não tiver feito algo por alguém que nunca poderá lhe retribuir.

No decorrer das suas agitadas atividades neste mundo competitivo e agressivo, pare um momento nos próximos dias para refletir sobre os pensamentos do Rabino Harold Kushner: "O objetivo da vida não é ganhar. É crescer e compartilhar. Você extrairá mais satisfação do prazer que levou à vida das outras pessoas do que dos momentos em que você as superou e derrotou."

UMA MANEIRA DIFERENTE
DE IR À FORRA

urante os dias do Muro de Berlim, alguns berlinenses orientais resolveram enviar um "presente" aos seus vizinhos de Berlim Ocidental. Eles carregaram um caminhão basculante com objetos imprestáveis, inclusive lixo, tijolos quebrados, entulho de construção e outros itens desagradáveis que conseguiram encontrar. Eles foram calmamente de caminhão até a fronteira, receberam autorização para passar e entregaram o presente despejando-o em Berlim Ocidental.

Você descobrirá, ao olhar para trás na vida, que os momentos em que você realmente viveu foram aqueles em que você fez as coisas com espírito de doação.

HENRY DRUMMOND

É desnecessário dizer que os berlinenses ocidentais ficaram irritados e desejosos de "ir à forra". As pessoas começaram imediatamente a dar idéias sobre como poderiam superar as ações repulsivas dos adversários. Um homem sensato interrompeu essas reações iradas e apresentou uma sugestão completamente diferente. Surpreendentemente, as pessoas reagiram favoravelmente à sua proposta e começaram a carregar um caminhão basculante com itens necessários porém escassos em Berlim Oriental. Começaram a chover roupas, alimentos e suprimentos médicos. Eles então passaram pela fronteira com o caminhão abarrotado, cuidadosamente descarregaram e empilharam os

Vamos estabelecer uma nova regra a partir de hoje: sempre tentar ser um pouco mais bondoso do que necessário.

JAMES M. BARRIE

preciosos produtos, e depois deixaram uma placa com os seguintes dizeres: "Cada um dá de acordo com a sua capacidade de dar."

Imagine a reação daqueles que viram a "retribuição" e a inesperada mensagem da placa. Choque. Vergonha. Desconfiança. Descrença. Talvez até um pouco de remorso.

O que damos aos outros transmite uma poderosa mensagem com relação a quem somos. A maneira como reagimos à indelicadeza, à injustiça ou à ingratidão fala intensamente sobre o nosso verdadeiro caráter.

INFLUÊNCIA

Pequenos olhos pairam sobre você,
E o observam dia e noite;
Pequenos ouvidos rapidamente
Assimilam cada palavra que você diz;
Pequeninas mãos mostram-se ansiosas
Para fazer tudo o que você faz;
E um menino sonha
Com o dia em que será como você.
Você é o ídolo do rapazinho;
Você é o mais sábio entre os sábios,
Na pequenina mente dele,
Jamais surge uma suspeita sobre você;
Ele acredita piamente em você,
Sustenta que tudo o que você diz e faz,
Ele falará e agirá, da maneira como você faz e age
Quando for grande como você.
Um pequenino de olhos arregalados,
Acredita que você está sempre certo,
E os ouvidos dele estão sempre abertos,
E ele o observa dia e noite;
Você está criando um exemplo
Todo dia, em tudo o que faz,
Para o menino que está esperando
Crescer para ser como você.

AUTOR DESCONHECIDO

JAMAIS PRESSUPONHA QUE VOCÊS ESTÃO PEDALANDO JUNTOS

Nascemos para cooperar, assim como os pés, as mãos, as pálpebras e o maxilar superior e o inferior. As pessoas precisam umas das outras para compensar o que cada uma não tem.

MARCO AURÉLIO

A definição da palavra "cooperação" deriva de duas palavras latinas, *co*, que significa "com", e *opus*, que significa "trabalho". Assim, literalmente, cooperar significa trabalhar em conjunto. Parece simples, mas não é.

O jornal *Des Moines Register* patrocina há mais de 25 anos uma corrida de verão, a RAGBRAI (Grande Corrida Anual de Bicicletas do Register através do Estado de Iowa). Ciclistas de todo o país surgem no lado ocidental do estado de Iowa determinados a ser um entre as centenas de ciclistas bem-sucedidos que dedicam uma semana da sua vida a atravessar o estado de bicicleta.

Certo ano, a RAGBRAI designou a nossa comunidade como um ponto de parada noturna. Foi uma visão incrível a dos ciclistas chegando em grande número à cidade e armando suas barracas. Jovens e velhos apreciaram o desafio, o companheirismo e o divertimento que acompanhavam esse evento popular.

Enquanto eu passeava por uma das áreas de acampamento, ouvi por acaso uma conversa entre um casal de ciclistas que viajava numa *tandem bike* (bicicleta com dois assentos, um atrás do outro). O homem estava se queixando da dificuldade de uma das subidas que tiveram de enfrentar horas antes naquele dia. "Foi terrível", disse ele. "Eu cheguei a pensar que teríamos de descer da bicicleta e empurrá-la ladeira acima."

"Sem dúvida foi uma subida bem íngreme", respondeu a mulher que estava ao lado dele, "e se eu não tivesse freado o tempo todo, certamente teríamos escorregado ladeira abaixo."

Não existe praticamente nenhum limite para o que as pessoas conseguem realizar quando cooperam umas com as outras. Entretanto, se uma única pessoa andar arrastando os pés ou pisar no freio o tempo todo, todas as outras sofrem. Casais, departamentos nas empresas, equipes de atletismo, dançarinos ou o elenco de uma peça precisam compreender para onde a equipe está indo, como chegarão ao destino, que esforço será exigido de cada pessoa e o que podem fazer para ajudar uns aos outros.

Quando você está em uma bicicleta de dois assentos, você e seu parceiro precisam pedalar juntos.

O objetivo da vida é colaborar para uma causa comum; o problema é que ninguém parece saber qual é essa causa.

GERHARD GSCHWANDTNER

NINGUÉM É
UMA ILHA

O verdadeiro amigo nunca se coloca no seu caminho, a não ser que você esteja caindo.

ARNOLD GLOSOW

Há alguns anos, no final de outubro, apresentei um seminário em Des Moines, no Estado de Iowa. Levantei-me bem cedo para me preparar para o evento e fiquei chocado quando liguei a televisão e assisti às notícias sobre uma nevada prematura que se aproximava. Várias partes da cidade estavam sem eletricidade, muitos acidentes de trânsito haviam sido notificados e as viagens estavam sendo desaconselhadas.

Mais tarde no mesmo dia, as viagens foram liberadas, de modo que carreguei meu veículo e me preparei para voltar para casa. Em cada lado da auto-estrada que atravessa Des Moines havia árvores carregadas com pesada neve branca. Notei que em certas áreas onde os pinheiros estavam bem próximos uns dos outros, os galhos inclinados de uma árvore descansavam contra o tronco de outra, e cada uma delas parecia estar sendo sustentada pelos galhos ou pelo tronco de outra árvore.

Nos lugares onde os pinheiros estavam mais distanciados uns dos outros, a pesada neve havia causado enormes estragos. Os galhos não puderam agüentar o peso e, sem o apoio de outras árvores, haviam se partido. Milhares de galhos, pequenos e grandes, matizavam

a branca paisagem. Árvores novas e espécimes fortes e bem desenvol-
vidos foram irremediavelmente danificados.

Não somos diferentes das árvores. Quando as tempestades pre-
maturas, inesperadas ou normais da vida nos atingem, precisamos do
apoio das outras pessoas para suportar o peso do fardo. Os seres humanos não foram projetados para ser auto-suficientes, e quanto mais
unidos ficarmos, mais apoio moral poderemos oferecer.

PEGADAS

Tenho de ser um homem cuidadoso;
Um pequenino me segue.
Não me atrevo a errar o caminho
Com medo de que ele faça o mesmo percurso.
Nem por um momento consigo fugir aos olhos dele;
Tudo o que ele me vê fazer ele experimenta.
Ele diz que vai ser como eu –
Esse pequenino que me segue.
Preciso me lembrar, à medida que sigo
Pelo sol do verão e pela neve do inverno,
Que estou moldando para os anos futuros –
Esse pequenino que me segue.

AUTOR DESCONHECIDO

Amor

✳

Não há dúvida de que quase todos nós ansiamos por maneiras mais intensas, criativas e gratificantes de amar uns aos outros.

LEO F. BUSCAGLIA

BOM CONSELHO...
MÁ APLICAÇÃO

Um casal que estava prestes a se casar começou a ter dificuldades de relacionamento. O constante conflito fez com que eles questionassem seus planos de casamento. O homem, com medo de perder a mulher que amava, percebeu que havia muitos assuntos não resolvidos com os quais ele não tinha a menor idéia de como lidar. Aconselhou-se então com um terapeuta que sugeriu que o problema poderia ser resolvido se ele se dedicasse ao ciclismo. "Quero que você ande de bicicleta dezesseis quilômetros por dia durante duas semanas e depois volte a me ver." Duas semanas se passaram e o homem deu notícias ao seu terapeuta, como combinado. "Então, como você e sua noiva estão se dando agora?" perguntou o profissional. "Como vou saber?", tornou o homem. "Estou a mais de duzentos quilômetros de casa e não falo com ela há catorze dias."

Sempre haverá desafios e problemas em qualquer relacionamento. Tudo bem! Eis o que o Dr. Theodore Rubin disse em *One to One*: "O problema não está no fato de os problemas existirem. O problema é imaginar o contrário e achar que ter problemas é um problema."

Qualquer pessoa que deseje enriquecer seus relacionamentos encontrará uma infinidade de conselhos nas mais variadas fontes. In-

*Gosto de longos
passeios,
especialmente
quando feitos por
pessoas que
me aborrecem.*

FRED ALLEN

felizmente, nenhum desses conselhos vale nada a não ser que você esteja disposto a aumentar seu investimento nas pessoas.

Meu conselho é o seguinte: (1) Lembre-se de que criar e alimentar relacionamentos exige trabalho árduo; (2) os problemas sempre existirão; (3) os relacionamentos merecem cada grama de esforço necessário para vencer os inevitáveis desafios.

Trata-se de um ótimo conselho, se me permite dizê-lo. Ponha-o em prática... AGORA!

CRIE EMOÇÕES
COM AS SUAS AÇÕES

O Dr. Joyce Brothers conta a história de um juiz que tentava fazer com que uma mulher que estava dando entrada em um pedido de divórcio mudasse de idéia. "A senhora está com 92 anos", disse ele. "Seu marido está com 94. Vocês ficaram casados durante 73 anos. Por que desistir agora?" "Nosso casamento já tinha acabado há bastante tempo", explicou a mulher, "mas resolvemos esperar até nossos filhos morrerem."

O Dr. Robert Taylor, autor do livro *Couples: The Art of Staying Together* [Casais: a arte da convivência], disse: "Estamos vivendo hoje na era dos descartáveis: use uma vez e jogue fora. A última década presenciou o despertar do sentimento de que os relacionamentos são igualmente descartáveis."

A cultura descartável em que vivemos parece decidida a jogar fora o princípio de que o casamento é um compromisso que exige empenho.

De acordo com uma pesquisa do *U.S. News and World Report*, a principal razão pela qual os casais se separam é a "incapacidade de conversarem honestamente um com o outro, desnudarem a alma um ao outro e tratarem o outro como seu melhor amigo". Os

Os casamentos felizes começam quando nos casamos com aqueles que amamos e florescem quando amamos aqueles com quem nos casamos.

TOM MULLER

Na pista de dança como na vida, nossa perícia vai somente até onde vai a do nosso parceiro.

ROBIN MARANTZ
HENIG
EM *USA TODAY*

mesmos fatores continuam a ter grande relevância na dissolução dos casamentos.

Eis uma cena familiar: seu cônjuge se queixa de que "Você nunca mais me disse que me ama". Você entende a deixa e resmunga: "Claro que eu amo você." Mas você está pensando consigo mesmo: "Que bobagem! Eu não estaria vivendo com você se não o/a amasse. Mas se alguma coisa mudar, você estará entre os primeiros a saber." Por que simplesmente não respondemos com um beijo afetuoso e depois dizemos: "Desculpe-me se não lhe tenho dito ultimamente o quanto eu o/a amo."

O grande psicólogo Dr. George W. Crane escreveu no seu famoso livro: *Applied Psychology*: "Lembre-se de que as ações são as precursoras das emoções. Você não pode controlar diretamente estas últimas, a não ser por meio da escolha das suas atitudes ou ações... Para evitar essa tragédia bastante comum (dificuldades conjugais e mal-entendidos), conscientize-se dos verdadeiros fatos psicológicos. Assuma diariamente as atitudes adequadas e você logo começará a sentir as emoções correspondentes! Se você e seu parceiro saírem para passear como namorados e se beijarem, fizerem elogios sinceros um ao outro e praticarem as inúmeras outras amabilidades necessárias, você não precisará se preocupar com a emoção do amor. Você não terá de agir por muito tempo de uma maneira amável sem receber retribuição."

Se tratarmos nosso cônjuge como a pessoa mais importante da nossa vida, começaremos a sentir, a acreditar e a valorizar essa idéia. O que você pode fazer esta semana para transformar suas "ações em emoções"?

AO MEU FILHO CRESCIDO

Minhas mãos estavam ocupadas durante o dia
Eu não tinha muito tempo para jogar com você
Os pequenos jogos que você me pedia para jogar.
Eu não tinha muito tempo para você.
Eu lavava a sua roupa, costurava e cozinhava.
Mas quando você me trazia o seu livro de gravuras
E me pedia por favor para vê-lo com você,
Eu dizia: "Mais tarde, meu filho."
Eu o aninhava em segurança debaixo das cobertas à noite
Ouvia suas preces, apagava a luz
E saía pé ante pé do quarto.
Eu gostaria de ter ficado mais um minuto,
Pois a vida é curta, os anos passam correndo,
Um menino cresce tão depressa.
Ele não mais está ao meu lado,
Com preciosos segredos para me contar.
Os livros de gravuras estão guardados,
Não há mais jogos para jogar,
Nem beijos de boa-noite, nem preces para escutar.
Tudo isso pertence a ontem.
Minhas mãos, antes tão ocupadas, agora jazem imóveis.
Os dias são longos e difíceis de preencher.
Se eu pudesse voltar, bem que gostaria
De fazer as pequenas coisas que você me pedia.

AUTOR DESCONHECIDO

COMO É O AMOR?

Como é o amor?
Ele tem mãos para
ajudar os outros. Tem
pés para apressar-se
na direção dos pobres
e necessitados. Tem
olhos para enxergar a
miséria e a privação.
Tem ouvidos para
ouvir os suspiros e os
lamentos dos homens.
Assim é o amor.

SANTO AGOSTINHO

Muito se tem escrito "sobre" o amor, mas talvez tenhamos sido míopes na hora de ajudar as pessoas a compreender "como" amar. Eu sei que isso é elementar, mas o amor é mais do que abraços, beijos e afeto. Ele também transcende o sentimento emocional que tantos consideram amor. O amor se demonstra com uma atitude de sensibilidade e preocupação, e se expressa com ações sinceras. Depois, a emoção do amor vem à tona e se desenvolve a partir daí.

Deixe-me simplificar. "Não podemos colocar uma etiqueta com preço no amor", disse Melanie Clark, "mas podemos colocá-la em todos os seus acessórios." Para ativarmos os "acessórios" do amor, precisamos eliminar a bagagem da mesquinhez, do ciúme, do ressentimento e da crítica. Simplesmente ame. Pense e comporte-se como se você amasse. Por meio do pensamento amoroso e das ações amorosas, expandimos nossa habilidade de expressar o amor autêntico. Lembre-se de que a parte emocional do amor é alcançada quando a ação e o pensamento são ativados.

Talvez alguns exemplos da vida real esclareçam "como" amar e o incentivem a exibir os acessórios do amor:

Um cavalheiro galês se apaixonou por uma vizinha e quis casar-se com ela. O casal teve uma discussão e ela se recusou a perdoá-lo. O homem era tímido e hesitou em enfrentar seu amor. Em vez disso, colocava todas as semanas uma carta de amor debaixo da porta da casa dela.

Finalmente, passados 42 anos, ele reuniu coragem, bateu na porta da casa dela e lhe pediu que se tornasse sua esposa. Para sua surpresa, ela disse sim. Os dois se casaram aos 74 anos de idade.

Embora a atitude dele fosse pouco convencional, foi sem dúvida uma exibição determinada de um amor persistente. O que você está fazendo todos os dias para mostrar àqueles a quem você ama o quanto eles significam para você?

Assisti muitas vezes à divertida peça musical *Fiddler on the Roof*. Numa das cenas, Tevye, ao ver o exemplo das filhas, começa a pensar no amor como base para o casamento. Assim sendo, após anos de casamento, ele pergunta à esposa: "Você me ama?" Ela responde: "Durante 25 anos lavei sua roupa, dormi na sua cama, dei à luz seus filhos e preparei suas refeições. Se isso não é amor, o que é então?" Mas Tevye insiste: "Você me ama?" Depois de ele repetir a pergunta várias vezes, a mulher de Tevye só conseguiu responder: "Acho que sim."

"Você me ama?" No mundo ideal, essa pergunta seria desnecessária. No mundo real, um número sem conta de pessoas anseia por ouvir as palavras "Eu te amo".

Ida Fay Oblesby, narrou no *P.E.O. Record* (janeiro de 1983) a história de uma menina de 8 anos de idade que vivia em um orfanato da Pensilvânia e era tímida, pouco atraente e considerada um problema. Dois outros asilos a haviam transferido, e agora a diretora deste último estava procurando um pretexto para se livrar dela. Certo dia, alguém notou que a menina estava escrevendo uma carta. Uma regra extremamente rígida da instituição era que qualquer mensagem de uma das crianças teria de ser aprovada antes de ser enviada. No dia seguinte, a diretora e sua assistente viram a menina esgueirar-se para fora do dormitório e dirigir-se sorrateiramente ao portão principal. Perto do portão, ainda dentro da propriedade, havia uma velha árvore com as raízes aparentes acima do solo. Elas seguiram a criança e ficaram observando enquanto ela escondia a carta numa das fendas da raiz. Olhando cuidadosamente à sua volta, a menina voltou correndo ao dormitório.

A diretora pegou o bilhete e o abriu. A seguir, sem proferir uma única palavra, entregou o papel à sua assistente. Estava escrito "Para quem encontrar este bilhete: Eu te amo."

Que mensagem poderosa do coração daqueles que anseiam por ter alguém para amar e que retribua o amor deles.

Alvin Straight morava a alguns quilômetros da minha casa em Laurens, no Iowa. Seu irmão de 80 anos vivia a centenas de quilômetros em Blue River, Wisconsin. De acordo com o noticiário local, o irmão de Alvin havia sofrido um ataque de apoplexia, e Alvin queria ir vê-lo, mas não tinha transporte. A vista de Alvin era fraca e ele não podia ter carteira de motorista. Além disso, ele se recusava a viajar de avião, trem ou ônibus. Assim sendo, Alvin, aos 73 anos, subiu em seu cortador de grama da marca John Deere, modelo 1966, e foi dirigindo até Blue River para ver o irmão. Isso é que é dedicação!

As necessidades das pessoas não são coisas que incomodam, irritam ou perturbam o nosso confortável estilo de vida. As necessidades são oportunidades de compartilharmos uma parte de nós mesmos, de expandirmos nossa capacidade de dar e de aperfeiçoar nossa habilidade de pensar nos outros em primeiro lugar.

O seguinte trecho apareceu no editorial do *Pasadena Star News* em novembro de 1985:

Quase todo mundo conhece a história de Jim Brady – o homem que, dois meses depois de se tornar secretário de imprensa da Casa Branca, levou um tiro na cabeça durante a tentativa de assassinato do Presidente Reagan, lutou bravamente para sobreviver à cirurgia cerebral e ficou permanentemente inválido em conseqüência do tiro de que foi vítima. Entretanto, não é tão grande o número de pessoas que ouviram falar na dedicação incessante e altruísta de Bob Dahlgren... um homem que amava Brady como a si mesmo.

Há alguns meses, Bob Dahlgren morreu durante o sono, aos 52 anos de idade. Seu falecimento não foi sequer anunciado no noticiário matutino. Mas durante os longos meses que se seguiram à tragédia, foi Dahlgren que ficou acordado ao lado da mulher de Brady, Sarah, no decorrer da longa série de cirurgias cerebrais.

Foi Dahlgren e sua mulher, Suzie, que levaram Scott, o filho pequeno de Brady, para a casa deles nos primeiros dias da provação. Foi Dahlgren quem organizou as horas alegres com os amigos de Brady ao lado de sua cama no hospital. Quando Brady se recuperou e voltou a levar uma vida parcialmente normal, era sempre Dahlgren quem organizava os preparativos para qualquer atividade de Brady, que ajudava o amigo a entrar e a sair do veículo especialmente equipado no qual Brady fazia a maior parte dos seus passeios e viagens. Foi Dahlgren que ajudou Sarah a responder às difíceis perguntas sobre a saúde de Brady e passou horas intermináveis dando informações sobre o seu estado aos amigos. Foi Dahlgren quem ajudou a organizar uma fundação para garantir apoio financeiro à família.

Durante mais de quatro anos e meio após a tragédia que atingiu Brady, Bob Dahlgren dedicou praticamente todo o seu tempo ao amigo que ele tanto amava. E ele fez isso desinteressadamente e sem ser reconhecido por isso. Em nenhum momento Dahlgren se queixou. Nunca hesitou quando precisaram dele. Ele nunca deixou de olhar para as necessidades ou exigiu uma resposta do amor.

O Dr. Arthur Kobrine, o cirurgião que atravessou com ele a longa provação de Brady, disse certa vez: "Todo mundo deveria ter um amigo como Bob Dahlgren."

Li uma história em *Our Daily Bread* a respeito de um rei que mandou colocar um sino de prata em uma das altas torres do palácio logo que começou a reinar. Ele anunciou que faria tocar o sino sempre que estivesse feliz para que seus súditos tomassem ciência da sua felicidade.

O povo passou a ficar atento esperando ouvir o som do sino de prata, mas ele permaneceu em silêncio. Os dias se transformaram em semanas, as semanas em meses e os meses em anos. Mas nem uma vez o sino tocou para indicar que o rei estava feliz.

O rei ficou velho e grisalho e, finalmente, deitou-se no seu leito de morte no palácio. Enquanto alguns de seus súditos choravam ao redor dele, ele descobriu que fora realmente amado pelo seu povo em todos aqueles anos. Por fim, o rei sentiu-se feliz. Pouco antes de morrer, ele levantou a mão e puxou a corda que faria tocar o sino de prata.

Pense nisso – uma vida inteira de infelicidade por não saber que era amado e aceito pelos seus leais súditos.

Muitas pessoas vivem seus dias sem a alegria de conhecer ou de sentir o amor dos outros. Este livro está repleto de idéias, exemplos e inspiração para você poder mostrar aos outros como é o amor. Experimente-as.

O amor é como uma bela flor que eu não posso tocar mas cuja fragrância, não obstante, faz do jardim um lugar encantador.

HELEN KELLER

O OUTRO LADO
DO AMOR

Nossa vida é moldada pelos que nos amam e pelos que se recusam a nos amar.

JOHN POWELL, S. J.

Adoro assistir às reprises das antigas séries de televisão como o *Andy Griffith Show*. Ao contrário dos programas de hoje, os antigos parecem conter uma mensagem prática e inspiradora. Num dos primeiros filmes da série, o Xerife Andy Taylor resolveu convidar sua tia solteirona, Bee, para ir morar com Opie e ele. Depois da morte da esposa, Andy achou que a Tia Bee acrescentaria o toque feminino que faltava à casa deles.

Opie não compartilha dos sentimentos de Andy e mostra-se cético com relação a ter a tia Bee "substituindo" sua mãe. Andy imagina um plano para ajudar Opie a aceitar a idéia. Ele convida a tia Bee para ir pescar e apanhar rãs com eles, para que Opie tenha uma chance de conhecê-la melhor e, assim esperava ele, criar um vínculo afetivo com ela. Lamentavelmente, tia Bee se mostra um tremendo fracasso na pescaria, é incapaz de pegar uma única rã e, mais tarde, revela sua total incapacidade para jogar futebol.

Mais tarde, naquela mesma noite, depois que Opie já está na cama, tia Bee convence Andy a levá-la à estação de ônibus. Opie a ouve chorar debaixo da janela do quarto dele e compreende que provavelmente ela está indo embora. Ele salta da cama, corre escada abaixo e dispara em direção ao caminhão, gritando: "Não podemos deixá-la ir, papai; ela precisa de nós. Ela não consegue nem mesmo apanhar rãs, tirar o peixe do anzol ou jogar futebol. Temos que tomar conta dela ou ela nunca terá sucesso na vida."

O amor se abre para a vida quando percebemos que o benefício que extraímos dos nossos relacionamentos não é o que iremos receber de uma outra pessoa. Precisamos das outras pessoas por causa das nossas fraquezas, e elas precisam de nós para complementar a vida delas impregnando nossa força com a fraqueza delas. O processo que leva à criação de relacionamentos mutuamente benéficos revela a percepção de que o amor se expressa melhor quando preenchemos o vazio na vida de alguém e, ao fazê-lo, expandimos o valor da nossa própria vida.

Embora o xerife Taylor tenha agido com o intuito sincero de querer um toque feminino em casa, foi Opie quem deu o toque final na história: "Temos que tomar conta dela ou ela nunca terá sucesso na vida." Embora o amor possa não ser retribuído por aqueles a quem o damos, nossa vida não continuará a ser a mesma se nos dedicarmos a preencher o vazio na vida das outras pessoas. "O amor cura as pessoas", disse Karl Menninger, "tanto as que o dão quanto as que o recebem."

O amor não tem nenhuma relação com o que você está esperando conseguir – mas apenas com o que você está esperando dar – o que é tudo. O que você recebe em troca varia, mas na verdade não tem nenhuma ligação com o que você dá. Você dá porque ama e porque não consegue deixar de dar. Se você tiver muita sorte, seu amor talvez seja correspondido. Isso é delicioso, mas não acontece necessariamente.

KATHARINE HEPBURN

PERDÃO

✲

*Aquele que não consegue perdoar
os outros derruba a ponte sobre
a qual ele mesmo precisa passar;
porque todo homem precisa
ser perdoado.*

THOMAS FULLER

MANTENHA SUAS PONTES EM BOM ESTADO DE CONSERVAÇÃO

Certa vez, um general do exército disse a John Wesley: "Nunca perdôo e jamais esqueço." John Wesley retrucou: "Nesse caso, senhor, espero que o senhor nunca cometa um pecado."

Sinto pena desse general. Ele provavelmente nunca experimentou a ação desopressora do perdão. Perdoar significa deixar de se preocupar. Quando perdoamos, a bagagem emocional decorrente da tensão, de conflitos não-resolvidos ou de maus-tratos é eliminada. Robin Casarjian, autora de *Forgiveness: A Bold Choice for a Peaceful Heart*, que conseguiu perdoar o homem que a estuprou, disse: "Quando perdoamos, deixamos de ficar algemados à pessoa que nos feriu." Isso é que é liberdade!

"Você tem uma tremenda vantagem com relação à pessoa que o difama ou é deliberadamente injusta com você", declarou Napoleon Hill. "Você tem o poder de perdoar essa pessoa."

Você está zangado com alguém que o ofendeu? Deixe isso de lado. A raiva só faz rebaixá-lo. O perdão lhe confere o poder de seguir adiante na vida.

Você é rancoroso? O rancor é apenas a acumulação de ressentimento causada pela relutância em perdoar genuinamente. Você algum dia já disse: "Vou perdoar mas não consigo esquecer"? Isso não passa de um perdão superficial, que possibilita que continuemos atolados na autocomiseração. A maneira mais rápida de esquecer é parar de ficar remoendo o mal que nos foi feito.

A Cruz Vermelha americana foi fundada pela pioneira Clara Barton, muito conhecida pela sua capacidade de perdoar. Certa vez, um amigo trouxe à baila uma injustiça cometida contra ela muitos anos antes. Quando Barton se mostrou incapaz de reagir ao esforço que o amigo estava fazendo para reviver o ocorrido, ele insistiu, perguntando: "Você realmente não se lembra do quanto essa pessoa a magoou?"

"Não", respondeu com alegria Clara Barton. "Lembro-me nitidamente de ter esquecido esse fato."

Para perdoar o passado, pare de ficar remoendo a dor. Ao deixar de reviver várias vezes a situação, você ficará em paz e alcançará a vitória sobre o incidente.

Se você quiser manter as pontes que sustentam os relacionamentos, mas sentir que é preciso fazer alguns reparos, leve em conta as seguintes sugestões.

1. Peça perdão primeiro. Quando você magoar alguém ou for maltratado, seja o primeiro a dizer: "Por favor, me desculpe se eu fiz alguma coisa que possa abalar o nosso relacionamento." Essa atitude possibilitará que você esqueça o ocorrido e siga adiante com sua vida.

2. Reconstrua seus pensamentos. A mente é um mecanismo maravilhoso. Os pensamentos que mantemos nesse possante computador humano dominam a nossa vida. Embora a tarefa não seja fácil, procure se disciplinar para não ficar remoendo uma situação, amargura, culpa ou mágoa que possa impregnar as paredes da sua mente.

3. Reze. Raramente sou capaz de perdoar genuinamente sem a intervenção divina. Ao apoiar-me em Deus para lidar com a dor, a pessoa e o processo de cura, substituo a tendência humana para a raiva pela liberação.

4. Escreva uma carta. Expressar seus sentimentos por escrito, sem culpar ou julgar, pode representar uma ponte importante entre a dor e a tranqüilidade. Ao se comunicar com o coração, você está demonstrando o desejo de chegar a uma solução. Mesmo que você não mande a carta, o fato de escrevê-la já tem algum valor.

5. Concentre-se no futuro. Atolar-se no lamaçal do passado destrói a ponte para o futuro. Nunca viveremos plenamente o amanhã se nos deixamos consumir pelo passado, que é incontrolável.

Elbert Hubbard escreveu: "A boa memória pode ser uma coisa boa, mas a capacidade de esquecer é o verdadeiro sinal da nobreza de caráter. As pessoas bem-sucedidas esquecem. Elas sabem que o passado é irrevogável. Elas estão apostando uma corrida e não podem se dar ao luxo de olhar para trás. Seus olhos estão voltados para a linha de chegada. As pessoas magnânimas esquecem. Elas são grandes demais para permitir que pequenas coisas as perturbem. Elas esquecem com facilidade. Se alguém lhes faz mal, elas examinam a origem da ofensa e mantêm a calma. Somente as pessoas mesquinhas apreciam a vingança. Procure esquecer as ofensas. Os negócios e o sucesso o exigem."

O perdão permite que você se liberte dos pesadelos do passado e reivindique seus sonhos para o futuro.

6. Substitua o egoísmo por um amor incondicional. O velho Pete estava doente e a morte parecia iminente. Há anos ele havia se desentendido com Joe, que fora um de seus melhores amigos. Querendo esclarecer as coisas, Pete pediu a Joe que fosse vê-lo.

Noventa por cento da arte de viver consiste em nos relacionarmos com pessoas que não suportamos.

SAMUEL GOLDWIN

Quando Joe chegou, Pete lhe disse que não poderia viver mais nenhum dia, nem enfrentar a eternidade, sabendo que o relacionamento deles tinha sido destruído. Com dificuldade e relutância, Pete desculpou-se pelas coisas duras que havia dito e feito. Ele também garantiu a Joe que havia perdoado o que este lhe fizera. Os dois velhos amigos apertaram as mãos e tudo pareceu ficar bem, até que Joe se levantou para ir embora. Pete então lhe disse: "Se eu ficar bom, nada do que aconteceu agora fica valendo."

Dizer "eu o perdôo" e depois impor condições ao perdão é a mesma coisa que não perdoar. É difícil renunciar às nossas razões egoístas e nos abstermos de recordar antigos ressentimentos quando surgem os atritos.

Isso me faz lembrar a mulher que procurou aconselhamento conjugal. O terapeuta perguntou a ela qual parecia ser a fonte das dificuldades do casal. "Sempre que discutimos", disse a mulher, "meu marido fica histórico."

"Você não está querendo dizer histérico?", replicou o terapeuta.

"Não, eu quero dizer histórico mesmo! Ele sempre relembra o passado."

Os problemas emocionais e o estresse emocional continuam enquanto o perdão depende do passado. O perdão total requer amor incondicional.

Espero que seus relacionamentos continuem a amadurecer e a dar resultados positivos. Um espírito capaz de perdoar é a exigência fundamental para que isso ocorra. O perdão continua a ser a ponte que temos de atravessar para entrar em um futuro mais brilhante. Lembre-se das palavras de Martin Luther King: "O perdão não é um ato ocasional e sim uma atitude permanente."

Em *The Essential Calvin Hobbes*, o personagem Calvin dos quadrinhos diz a Haroldo, seu amigo tigre: "Estou me sentindo mal por ter xingado a Susie e tê-la magoado. Estou arrependido."

"Talvez você deva pedir desculpas a ela", sugere Haroldo.

Calvin pensa um pouco sobre a sugestão e responde: "Espero que exista uma solução menos óbvia."

Não existe uma maneira fácil de dizer "Sinto muito, eu estava errado". Mas faça isso de qualquer modo. Em vez de deixar que a amargura e o ressentimento assomem à superfície, permita que o doce aroma da harmonia seja a marca registrada dos seus relacionamentos.

COMO COLOCAR AS PESSOAS NA PERSPECTIVA ADEQUADA

Barbara Bush não foi a primeira escolha para oradora da colação de grau dos formandos de 1990 do Wellesley College. Alguns dos veteranos mostravam-se hesitantes quanto à sua adequabilidade como exemplo, considerando-se as questões com que depara a mulher moderna.

"Distinguir Barbara Bush com um convite para ser oradora dos formandos", protestaram eles, "significa exaltar uma mulher que foi reconhecida pelas realizações do marido, o que contraria o que nos foi ensinado nos últimos quatro anos."

A primeira dama enfrentou as acusações com seu estilo elegante habitual, não permitindo que os protestos a ofendessem ou intimidassem. A Sra. Bush falou do fundo do coração e mencionou como havia se realizado por meio dos seus valores tradicionais. Ela deu o seguinte conselho no discurso que fez aos formandos:

"Prezem suas ligações humanas, seus relacionamentos com os amigos e a família. Durante vários anos, a importância da dedicação e do trabalho árduo por sua carreira foi inculcada a cada um de vocês.

"Isso sem dúvida é verdade, mas por mais importantes que possam ser as obrigações de vocês como médicos, advogados ou executivos, vocês são em primeiro lugar seres humanos, e as ligações humanas – com o cônjuge, os filhos, os amigos – são o investimento mais importante que vocês podem fazer.

"No final da vida, vocês nunca se arrependerão de não ter passado em mais um exame, de não ter ganho mais uma causa, ou de não ter fechado mais um negócio. Vocês se arrependerão de não ter passado mais tempo com o marido, o filho, o pai ou a mãe."

A primeira dama se dirigiu à essência da vida. Nossas realizações pessoais e profissionais se tornam mais harmoniosas, ricas e satisfatórias quando as compartilhamos com outras pessoas. Antoine Saint-Exupery escreveu: "Só existe alegria nos relacionamentos humanos."

Com excessiva freqüência, o que mais deveria ter importância na nossa vida recebe muito pouca atenção. As lutas com o dinheiro todo-poderoso, os interesses egoístas, uma promoção importante ou fechar um negócio são empreendimentos vazios se desprovidos do elemento humano. É fácil deixar de perceber que são os nossos relacionamentos que estimulam o coração e alimentam a alma.

Harold Kushner escreveu em *When All You've Ever Wanted Isn't Enough*: "Uma vida sem pessoas, sem as mesmas pessoas dia após dia, pessoas que nos pertencem, que estarão ao nosso lado quando precisarmos, pessoas que precisam de nós e de quem precisamos, pode ser muito rica em outras coisas, mas, sob o aspecto humano, não é de modo nenhum uma vida."

A principal alegria da vida é a aceitação, a aprovação, o sentimento de apreciação e a solidariedade dos nossos companheiros. Muitas pessoas não compreendem que a necessidade de companheirismo é realmente tão profunda quanto a necessidade de alimento, de modo que elas passam pela vida aceitando muitos substitutos para o relacionamento genuíno, afetuoso e simples.

JOSH LIEBMAN

Só você pode determinar o valor de cada aspecto da sua vida. Procure decidir o que é mais importante. E, se o fizer, apenas ocasionalmente você se ressentirá ou se lamentará das exigências do casamento, da profissão, dos filhos ou da tolerância.

BARBARA WALTERS

Uma vida sem relacionamentos limita o valor de tudo o que fazemos. Independentemente das pressões que você possa sofrer para ter sucesso nesta nossa sociedade egoísta, não cometa o erro de dar valor apenas às metas e atividades que podem engordar o seu contra-cheque. Dedique-se a entrar em contato com as pessoas que acrescentam significado à sua vida, e quando os laços tiverem sido rompidos por divergências ou mal-entendidos, volte-se para elas com um espírito de perdão.

ESTEJA PREPARADO PARA DIZER "SINTO MUITO"

Depois de ser pai durante quinze anos, acho que finalmente estou compreendendo o que mais aprecio nos meus filhos: o nosso relacionamento.

Sem dúvida, reconheço que gosto quando eles marcam pontos num jogo de basquete ou dançam graciosamente num espetáculo de balé. Fico feliz quando as notas no boletim deles ficam acima da média ou quando percebo o quanto eles se dedicaram a um projeto da escola. É claro que também é agradável quando as pessoas comentam que eles são bonitos ou educados.

Mas o que realmente mexe comigo e renova a minha energia paterna – depois de eu chegar de uma viagem para apresentação de seminários, fazer um arremesso livre de basquete, brincar de chofer de táxi ou executar o "toque de recolher" – é um sorriso carinhoso, um abraço, um gesto de solidariedade e as três palavras de que mais gosto: "Adoro você, papai."

Estou profundamente consciente de como minhas ações, palavras, tom de voz, gestos e expressões não-verbais afetam o relacionamento amoroso, carinhoso e de respeito mútuo que desfrutamos.

O mais terrível dos pecados é a mutilação do espírito de uma criança.

ERIK H. ERIKSON

Deixei também, algumas vezes, de me mostrar à altura da minha responsabilidade de pai. Houve ocasiões em que reprimi a personalidade dos meus filhos.

Quando meu filho estava na sexta série, outro pai e eu decidimos treinar um time de basquete itinerante. Convidamos outros dez meninos para participar da experiência.

Não levei muito tempo para perceber que a definição de um pai-treinador é alguém que espera que seu filho seja tudo o que ele não foi. Eu tinha expectativas ambiciosas e às vezes irreais. Eu justificava facilmente as minhas exigências tentando motivar meu filho a ser o melhor possível. Entretanto, durante um jogo, extrapolei meus privilégios de pai.

O jogo já estava ganho. Os meninos haviam se esforçado corajosamente para superar uma grande diferença de pontos e conseguiram manter uma liderança confortável faltando apenas 37 segundos para terminar o jogo. Vindo não sei de onde, Matt (meu filho) roubou a bola, driblou pela quadra inteira e ERROU uma bandeja sem marcação.

Decidi liberar minha tensão acumulada durante o jogo sobre o meu filho por ter errado essa bandeja. O lance não tinha nenhum significado. Havíamos ganho o jogo e passado às finais. Matt jogou com o coração e havia dado tudo de si... mas ele estragou aquela simples bandeja. Eu disse claramente a ele o quanto estava desapontando e como tinha sido ridículo ele errar um lance tão simples.

A alegria da vitória se esvaiu do seu rosto. Ele ficou parado, imóvel e sem fala, enquanto seu pai continuava a drenar a carga da sua bateria de auto-estima. Eu sabia que havia estragado tudo mas continuei a justificar meu descontrole e a me enterrar cada vez mais no buraco.

As poucas horas de espera para o campeonato foram longas e silenciosas. Matt estava ferido por dentro e eu me sentia terrivelmente culpado. Não havia dúvida de que eu precisava do perdão do meu filho.

Eu estava sentando no microônibus do lado de fora do ginásio e me voltei lentamente para olhar para o rosto amedrontado e desanimado de Matt. "Matt, eu estava errado", comecei. "Desculpe-me pela explosão. Você se esforçou muito no jogo e eu deixei de reconhecer todas as coisas boas que você fez. Por favor, desculpe-me."

Foi aí que Matt tocou meu coração e fez meus olhos se encherem de lágrimas. "Está tudo bem, pai. Eu sei que você gosta de mim."

Graças ao meu filho, eu pude entrar no campeonato com a consciência limpa, o coração renovado e o espírito mais leve.

Perdemos o último jogo do campeonato por um ponto, mas eu saí vencedor. Meu filho havia me perdoado.

No microônibus com Matt, naquele dia, eu havia admitido, e ele havia reconhecido, que eu era humano. O mais importante é que Matt soube que eu estava errado e me mostrei disposto a admiti-lo.

A única maneira de curar um espírito abatido é engolir o orgulho paterno ou materno e dizer: "Sinto muito. Eu estava errado. Por favor, me perdoe." Deixar de oferecer a cura quando somos injustos ou magoamos alguém pode gerar uma raiva capaz de durar muitos anos.

Se lhe ocorresse perguntar qual a tarefa mais árdua do mundo, você talvez pensasse em alguma façanha física, num desafio acrobático, num feito a ser realizado no campo de batalha ou num estádio. Na verdade, não existe nada mais difícil para o ser humano que dizer: "Eu estava errado."

REVISTA
SUNSHINE

LIBERTE-SE DO
PASSADO

*O perdão é a chave
que abre a porta do
ressentimento e as
algemas do ódio.
É um poder que
rompe as correntes
da amargura e os
grilhões do egoísmo.*

WILLIAN
ARTHUR WARD

Eu era relativamente jovem quando o filme *The Hiding Place* foi exibido pela primeira vez. O impacto dessa história dramática que narra os esforços de uma família para esconder judeus dos nazistas na Holanda, e o que eles sofreram mais tarde num campo de concentração alemão, permanece comigo até hoje. O filme retrata a vida de Corrie ten Boom e sua família, e como mais tarde ela retornou ao campo de concentração na Alemanha para entregar uma mensagem de perdão a um grupo de alemães. Ela nem desconfiava de que essa experiência testaria sua capacidade de perdoar.

Em seu livro *Tramp for the Lord*, Corrie relembra: "O lugar era Ravensbruck, e o homem que caminhava na minha direção tinha sido um dos guardas do campo – um dos guardas mais cruéis.

"Agora ele estava diante de mim, com a mão estendida: 'Que bela mensagem, Fräulein! Como é bom saber, como diz a senhorita, que todos os nossos pecados estão no fundo do mar!'

"E eu, que havia falado com tanta eloqüência sobre o perdão, fiquei mexendo na minha carteira em vez de dar a mão a ele. É claro que ele não se lembrava de mim – como poderia ele se lembrar de uma prisioneira entre milhares de mulheres?

"Mas eu me lembrava dele e do chicote de couro balançando no seu cinto. Eu estava frente a frente com um dos meus captores e meu sangue pareceu congelar.

" 'A senhorita mencionou Ravensbruck no seu discurso', ele estava dizendo. 'Eu fui um dos guardas daquele lugar.' Não, ele não se lembrava de mim.

"'Mas depois eu me tornei cristão. Eu sei que Deus me perdoou pelas coisas cruéis que fiz lá, mas eu também gostaria de ouvir o perdão dos seus lábios, Fräulein' – novamente ele estendeu a mão – 'a senhorita me perdoa?'

"E eu fiquei ali – eu cujos pecados tinham de ser repetidamente perdoados – e não conseguia perdoar. Betsie [a irmã de Corrie] havia morrido naquele lugar – poderia ele apagar a lenta e terrível morte dela como se nada tivesse acontecido?

"Ele não pode ter ficado ali, com a mão estendida, por muitos segundos, mas eu tive a impressão de que horas estavam se passando enquanto eu me debatia com a coisa mais difícil que jamais tive de fazer."

Visualize a cena na sua mente. Tente sentir o que Corrie ten Boom sentiu, embora eu duvide que algum de nós consiga chegar perto da luta interior que ela estava travando. Como poderia esse homem esperar que seus crimes cruéis e desumanos fossem perdoados? Como poderia ele ter a audácia de sugerir que Corrie o libertasse do seu passado?

Mahatma Gandhi acreditava que "os fracos nunca conseguem perdoar. O perdão é um atributo dos fortes". Corrie ten Boom era uma pessoa forte. Ela perdoou. Acredito que Corrie ten Boom não apenas libertou aquele guarda de um passado de arrependimento como também deu um crítico passo à frente na própria fé, na cura interior e na capacidade de seguir adiante.

Todos experimentamos vários altos e baixos nos nossos relacionamentos. Alguns de nós fomos feridos por aqueles que mais amamos. Outros vivem um cotidiano de afrontas e desrespeito. Existem pessoas que têm medo de se encontrar com alguém que tenha abatido seu espírito, e outras ainda que tremem só de pensar nas pessoas que abalaram sua confiança.

Em toda parte encontramos pessoas feridas. Os relacionamentos estão despedaçados. A solidão impera. A toda hora nos vemos diante da injustiça e do abandono. Muitos escapam por meio do isolamento.

Muitas pessoas estão esperando ouvir as palavras "eu te perdôo", enquanto muitas vítimas estão tentando descobrir uma maneira de pagar na mesma moeda ou vingar-se. Nós nos tornamos obcecados por ir à forra. De que outro modo podemos explicar as manchetes dos jornais? Vizinhos que ameaçam vizinhos. Ações judiciais (baseadas em motivos ridículos). Tiroteios nas escolas. Ressentimentos que se transformam em surras. Perseguições furtivas. Pais que seqüestram os próprios filhos do cônjuge. A lista é deprimente.

Ernest Hemingway, em seu conto "The Capital of the World", conta a história de um pai e do filho adolescente que vivem na Espanha. Uma série de eventos fizeram com que o relacionamento de ambos ficasse tenso e acabasse por se despedaçar. O rapaz decidiu fugir de casa e o pai iniciou uma busca desesperada pelo filho rebelde, porém amado.

Sem saber mais o que fazer, o pai decidiu colocar um anúncio no jornal de Madri. O nome do filho era Paco, um nome bastante comum na Espanha. Os dizeres do anúncio eram simples: "Querido Paco, encontre-me diante do jornal de Madri amanhã ao meio-dia. Tudo está perdoado. Eu te amo."

Hemingway nos apresenta então uma imagem e mensagem incríveis. No dia seguinte, ao meio-dia, na frente da sede do jornal, oitocentos "Pacos" estavam aguardando o perdão.

Neste momento, inúmeras pessoas em todo o mundo anseiam pelo perdão. Um igual número de pessoas só teriam a lucrar se conseguissem perdoar. Mostre-me uma pessoa que viva em paz consigo mesma e com os outros e eu lhe mostrarei uma pessoa que perdoa com liberdade e sinceridade. O perdão é a ponte que todos precisamos atravessar para deixar para trás a dor, o pesar, o desespero, a raiva e a mágoa. É preciso ter muita coragem, humildade e disposição para correr o risco de atravessar a ponte, mas do outro lado a paz, a alegria, o amor e o bem-estar nos aguardam. Perdoar completamente nos possibilita viver plenamente.

Com freqüência, as pessoas prolongam a amargura do passado e se apresentam como mártires por terem-na suportado. Infelizmente, os sentimentos de raiva, desconfiança e ressentimento penetram nos seus outros relacionamentos e envenenam o que poderia ser uma experiência saudável. Só existe uma cura, que é perdoar e esquecer. Brian Tracy sugere que "distribuamos um perdão global para todo mundo por tudo o que possam ter feito e que nos tenha magoado de alguma maneira".

Não estou de modo algum tentando insinuar que isso será fácil. Com efeito, Laurence Sterne disse: "Somente os bravos sabem perdoar [...] um covarde nunca perdoa; isso não faz parte da sua natureza." Eu acho que, se Corrie ten Boom conseguiu reunir coragem para perdoar o homem responsável pelo seu tormento, quem sou eu para fazer um

Fazer uma ofensa coloca-o abaixo do seu inimigo; vingar uma ofensa coloca-o no mesmo nível que ele; perdoar uma ofensa situa-o acima dele.

BENJAMIN
FRANKLIN

julgamento eterno e alimentar um ressentimento vitalício por causa das ofensas relativamente insignificantes que sofri?

Há alguns anos, nossa escola de ensino médio apresentou a peça *Joseph and the Amazing Technicolor Dreamcoat*. Além do prazer que senti em assistir à apresentação do meu filho no palco, lembrei-me uma vez mais de como esse jovem personagem bíblico foi maltratado e odiado pelos seus irmãos. José era um jovem visionário que freqüentemente tinha sonhos a respeito do futuro. O que realmente incomodou seus irmãos foi o fato de que, num dos sonhos, ele se viu governando a família. Os irmãos não gostaram nada disso. Eles também sentiam um pouco de ciúme por causa da visível preferência do pai por José, pois ele chegou a dar a este de presente uma túnica de várias cores. Os irmãos de José chegaram à conclusão de que isso era demais, de modo que o agarraram, o jogaram num buraco e o venderam como escravo. José suportou a rejeição da família, trabalhando para um rico egípcio cuja mulher se sentia atraída por José e tentava constantemente seduzi-lo. Ele foi injustamente acusado e preso. Mais tarde, José foi solto, caiu nas graças do rei, recebeu poder e privilégios superados apenas pelos do próprio rei e passou a ser grandemente respeitado por todos.

É aqui que a história fica interessante. Anos depois da traição dos irmãos, estes foram ao Egito durante uma época de escassez para tentar conseguir ajuda do governo. Eles nem desconfiavam que o irmão deles era o responsável por esse departamento. José imediatamente reconheceu os irmãos, mas ficou claro para ele que eles não o haviam reconhecido. José tinha nas mãos o poder de realizar uma doce vingança, mas o que ele fez? Ignorou as circunstâncias passadas, recusou-se a culpar os irmãos e recebeu-os com amor, aceitação e perdão.

Esquecer o passado constrói um trampolim que ajuda a nossa vida a avançar em direção ao futuro. Corrie ten Boom esqueceu, José esqueceu, Ronald Reagan esqueceu, e você também pode esquecer.

Em *Angels Don't Die*, Patti Davis fala do impacto que a atitude do seu pai, Ronald Reagan, exerceu sobre ela depois da tentativa de assassinato ocorrida em 1982.

"No dia seguinte, meu pai disse que sabia que sua cura física dependia diretamente da sua capacidade de perdoar John Hinckley. Ao me mostrar que o perdão é a chave de tudo, inclusive da saúde e da cura física, ele me deu um exemplo do pensamento cristão."

ACEITAÇÃO

✸

Se você está disputando uma competição de cabo-de-guerra com um tigre e está perdendo, deixe que ele fique com a corda antes de alcançar o seu braço. Você sempre poderá comprar outra corda.

MAX GUNTHER

MINHA MULHER
TEM SEMPRE RAZÃO

Havia uma mensagem na minha mesa de trabalho dizendo que minha mulher havia telefonado enquanto eu estava numa reunião. O recado dizia que era para eu telefonar assim que possível.

Marty raramente telefona para o meu escritório. Ela adquiriu o hábito de não me interromper, a não ser que haja uma emergência ou um assunto que necessite de atenção imediata. Por isso, eu estava um pouco ansioso quando liguei para ela.

"Olá, querida", disse eu. "O que aconteceu?"

"Aconteceu uma coisa desagradável", foi a sua tímida resposta. "Você sabe como faz barulho quando a gente bate na porta da garagem ao dar marcha à ré."

"O quê?", respondi, enquanto tentava rapidamente visualizar a cena.

"Foi culpa sua", continuou ela. "Quando você saiu para trabalhar esta manhã, deixou a porta da sua garagem aberta. Eu entrei na garagem pela sua porta e a garagem estava tão iluminada por causa da luz que vinha de fora que eu não percebi que a minha porta estava fechada."

"Foi culpa minha?", perguntei, dando um risinho.

"Foi, e agora a porta está estraçalhada."

Marty e eu já rimos muitas vezes por causa dessa situação e eu, é claro, continuo a lembrar-lhe que não era eu quem estava dirigindo o carro. Entretanto, esse infeliz incidente me ensinou algumas coisas importantes a respeito de possíveis conflitos, controvérsias e discussões conjugais. Primeiro, pára-choques arranhados e porta-malas de carro amassados podem ser consertados. Não vale a pena ficar aborrecido por causa dessas coisas, especialmente à custa da harmonia familiar.

Segundo (e isto é extremamente importante), aprendi que a minha mulher sempre está certa. Não me interprete mal. Eu não estou querendo dizer que estou sempre errado, mas escolho com muito cuidado os assuntos que valem a pena ser discutidos. Freqüentemente me lembro do conselho de Jonathan Kozol: "Escolha batalhas grandes o suficiente para serem importantes e pequenas o bastante para serem ganhas." Em outras palavras, decida quais as questões pelas quais vale a pena morrer e quais aquelas que você se recusará a discutir.

O editor de jornais e revistas H. L. Mencken com freqüência recebia cartas recriminando e insultando suas críticas a respeito da vida americana. Ele respondia a todas essas cartas e lidava com cada uma sempre da mesma maneira. Mencken simplesmente escrevia: "Talvez você esteja certo." Que modo maravilhoso de dispersar uma situação potencialmente explosiva.

Quase todos temos enorme dificuldade para ceder. A vontade de ganhar alimenta o fogo e freqüentemente faz com que as discussões se desviem para uma situação em que ambas as partes acabam perdendo. Talvez seja por isso que Benjamin Franklin acreditava que "se você discutir, exasperar-se e discordar, poderá às vezes sair vitorioso; mas a vitória será vazia porque você nunca obterá a boa vontade do seu oponente".

O comentário de Franklin me faz lembrar o casal que viajava pela estrada em total silêncio. Uma discussão deixara ambos relutantes em fazer concessões. Ao passarem por um pátio de estrebaria de mulas, o marido perguntou sarcasticamente: "São seus parentes?"

"São", respondeu a mulher. "Casei-me com alguém da família." Ai!

Sydney J. Harris disse: "A coisa mais importante numa discussão, depois de estarmos certos, é deixar uma porta de escape para nosso oponente, para que ele possa graciosamente passar para o nosso lado sem ficar muito desacreditado." É por isso que adotei a atitude de que minha mulher (e outros possíveis oponentes) está sempre certa, mesmo que no final das contas minha convicção possa se revelar correta.

Qual o benefício de adotar essa perspectiva? Essa não será uma saída covarde? Suponho que você possa ver a coisa dessa maneira. Embora eu saiba que sempre existem dois lados em uma questão, ou seja, meu lado e o lado no qual nenhuma pessoa bem-informada, inteligente, com idéias claras e que tenha respeito por si mesma poderia estar (estou só brincando), nenhuma discussão dura muito tempo se nos recusarmos a continuar alimentando-a tentando provar que os outros estão errados.

Conheço uma história sobre dois homens, Jake e Sam, que estavam presos numa ilha deserta. Eles se davam tão bem que nem sequer trocavam uma palavra áspera de vez em quando. Com efeito, o comportamento passivo dos dois tornava a vida tão harmoniosa que ela às vezes ficava monótona.

Certo dia, Jake teve uma idéia para romper o tédio. "Vamos ter uma discussão calorosa", sugeriu ele, "como as pessoas têm, lá onde moramos." Sam respondeu: "Mas não temos sobre o que discutir." Jake ficou pensando durante algum tempo e depois sugeriu: "Vamos procurar uma garrafa que tenha aparecido na praia e colocá-la entre nós. Eu digo: 'Esta garrafa é minha!' E você diz: 'Não, não é. A garrafa é minha!' Isso certamente vai iniciar uma boa discussão."

Eles acharam a garrafa e a colocaram entre eles, na areia. Jake então exclamou: "Esta garrafa é minha!" Sam, fazendo uma pausa, respondeu suavemente: "Eu acho, meu amigo, que a garrafa é minha." "É mesmo?", disse Jake de um modo agradável, "se a garrafa é sua, pode ficar com ela."

É humanamente impossível levar avante uma discussão entre duas pessoas se uma delas se recusa a discutir. O que eu vou dizer é apenas uma idéia: deixe as pessoas estarem certas até que as emoções tenham se acalmado e, depois, vocês poderão examinar racionalmente a situação.

Dois meses depois de o nosso carro ter batido na porta da garagem, quando já tínhamos comprado uma minivan com bagageiro (não tente adivinhar), minha mulher ligou de novo para o meu trabalho. "Glenn, você fechou a porta da sua garagem, mas a porta da minha não subiu o suficiente. O bagageiro ficou preso na porta e a quebrou toda. O bagageiro também não está lá em muito bom estado."

Você pode tirar suas próprias conclusões a respeito de como terminou a conversa.

Com o passar dos anos, aprendi que existem momentos em que é melhor simplesmente aceitar o ponto de vista da minha mulher, especialmente nas ocasiões em que as emoções podem vir à tona (como, por exemplo, depois do segundo evento com a porta da garagem). Eu sei que sempre posso tocar no assunto depois e discutir racionalmente a situação. O que invariavelmente acontece é que, mais tarde, quando ambos estamos nos sentindo mais racionais, perdemos o interesse em determinar de quem foi a culpa. O que antes parecia um ponto crucial já não parece tão importante, e o que poderia ter terminado numa divergência torna-se agora uma tranqüila discussão sem nenhuma menção a quem está certo ou errado.

Um casal estava envolvido em outra série de divergências. O mesmo assunto já havia sido amargamente discutido várias vezes. A esposa, desesperada, finalmente deixou escapar: "Você é impossível."

Na mesma hora o marido respondeu: "Não, estou ao lado do impossível."

COMO CRIAR UMA OBRA-PRIMA
DE RELACIONAMENTO

O relacionamento
é uma coisa viva.
Ele necessita da
mesma atenção ao
detalhe que o artista
dedica à sua arte.

DAVID VISCOTT

Vamos levar o pensamento artístico de David Viscott um pouco mais adiante. Considere as seguintes qualidades presentes nas obras-primas.

Comece com uma tela em branco de aceitação. Deixe as pessoas serem quem elas são e não o que elas poderiam ser, o que deveriam ser ou o que seriam, se resolvessem escutá-lo. Aceite as imperfeições e celebre a individualidade de cada pessoa. A aceitação reforça o valor das pessoas, aumenta a auto-estima e faz com que elas se sintam bem na sua presença.

Os artistas são mestres no uso das cores primárias, que criam a essência do produto final. A confiança mútua é um desses ingredientes básicos. Vivemos num mundo imperfeito e desordenado, formado por pessoas imperfeitas. Infelizmente, somos inclinados a confiar nas pessoas quando elas demonstram que são dignas de confiança. Tenho a tendência de acreditar que, se confiarmos nas pessoas, elas se revelarão dignas de confiança. Eu sei que a confiança pode ser traída, mas ela é fundamental para que os relacionamentos se desenvolvam. Saia de si mesmo. Faça um esforço para acreditar na bondade intrínseca das pessoas. Sem dúvida, você poderá se desapontar, de vez em quando, mas também será abençoado.

Compartilhe quem você é com os outros. Essa atitude encerra um pouco de risco, mas quando refreamos aquilo que somos colocamos uma mancha permanente na tela do relacionamento. A comunicação aberta e sincera sobressai em qualquer amizade mais profunda. Seja prudente, mas compartilhe suas mágoas, seus receios e seus fracassos. Fale também sobre as coisas boas. Evite apenas a crítica desnecessária e os comentários maldosos ou de mau gosto.

Estou certo de que todo artista tem uma cor predileta que tende a aparecer em cada obra. Meu ingrediente favorito nos relacionamentos é melhorar a minha capacidade de ver o bem nas pessoas. Diga aos seus amigos, familiares e companheiros de trabalho o que você aprecia neles. Confesse às pessoas o quanto você é reconhecido a elas. Reconheça o talento delas, aplauda o sucesso delas (uma das ações mais difíceis da natureza humana) e faça que os outros se sintam importantes. Expressar apreciação sempre que possível é uma das maneiras mais certas de fomentar o respeito mútuo e encorajar um comportamento positivo.

A obra-prima sobressai na mente do observador quando as partes adequadas são realçadas. No que diz respeito aos relacionamentos, você pode avançar em direção ao próximo nível da seguinte maneira:

Dando mais do que recebe

Deixando que as pessoas tenham o espaço delas

Sendo discreto

Oferecendo conselhos solidários e positivos

Sendo leal

Ouvindo o outro

Tratando os outros com dignidade

Dizendo "por favor" e "obrigado"

Sendo agradável

Aceitando a opinião dos outros

Perdoando as ofensas recebidas

Os relacionamentos de qualidade são extremamente satisfatórios. Os relacionamentos não deixam de se tornar uma bela experiência porque são errados, mas porque a maioria das pessoas não quer investir o necessário para criar uma que seja original. Para avaliar quanto você é eficaz na criação de uma obra-prima de relacionamento, simplesmente pergunte a si mesmo: "Se eu fosse meu amigo, eu gostaria das pinceladas artísticas (qualidades) que eu observo quando estou comigo?"

LEALDADE

Sou muito leal num relacionamento.
Quando saio com minha mãe,
Não olho para outras mães.
Eu não digo: "Puxa, será que
aquele macarrão com queijo
está gostoso?"

G ARY S HANDLING

ELA PODERIA TER-SE
CASADO COM MOZART

Na essência da personalidade encontra-se a necessidade de termos a sensação de que somos passíveis de ser amados sem ter que nos qualificar para essa aceitação.

MAURICE WAGNER

Joe era um adolescente um tanto tímido, e mesmo na faculdade ele achava difícil convidar as moças para sair. Certa noite, um colega dele, Jake, que morava alguns quartos depois de Joe, no mesmo dormitório, fez-lhe uma proposta irrecusável. "Tenho grandes novidades", começou Jake. "Arranjei um excelente encontro para você no sábado à noite. Está tudo acertado."

"Quem é ela?", perguntou Joe. Era uma amiga da namorada de Jake, que viria visitá-lo no fim de semana. Joe não a conhecia. "Não, obrigado", disse Joe. "Os encontros às escuras não são para mim."

"Você não precisa se preocupar com este", garantiu Jake. "Julie é uma garota incrível. Confie em mim: ela é uma beleza."

"Não", repetiu Joe.

"Mas desta vez não tem erro. Eu até vou lhe dar uma chance de cair fora."

Joe começou a prestar atenção. "Como?", perguntou ele.

"Quando formos buscar as garotas no dormitório delas, espere que ela venha até a porta e examine-a. Se você gostar do que vir, ótimo, vamos todos sair para uma grande noitada. Mas se você a achar feia, finja um ataque de asma. Diga 'Aaaahhhhhh!' e ponha a mão na garganta como se estivesse tendo problemas para respirar. Quando ela perguntar, 'Algo errado?', você responde: 'É minha asma', e cancelamos o encontro. Exatamente assim. Não farei nenhuma pergunta. Sem problemas."

Joe estava no mínimo hesitante, mas concordou em tentar. Afinal, o que ele tinha a perder?

Quando chegaram ao quarto, Joe bateu na porta e ela veio atender. Ele olhou para ela e não conseguiu acreditar no que estava vendo. Ela era linda. Que sorte a dele! Joe não sabia o que dizer.

Ela deu uma olhada em Joe e começou: "Aaaahhhhhhhh!"

Parece que eles não eram os únicos a ter um plano perfeito. Quase todos nós, em uma ou em outra ocasião, fomos rejeitados por alguém por não sermos suficientemente inteligentes, altos, musculosos, bonitos ou qualquer outra coisa. É duro a gente se sentir rejeitado.

Quando aceitamos alguém incondicionalmente, damos a essa pessoa a liberdade de ser exteriormente o que ela é interiormente. A verdadeira aceitação nos permitirá perceber o verdadeiro valor de um ser humano.

A jovem que estava noiva de Mozart, antes de ele ficar famoso, poderia ter tirado vantagem de um espírito de aceitação incondicional. Impressionada por homens mais bonitos, ela perdeu o interesse por ele porque ele era muito baixo. Acabou por trocá-lo por um homem alto e atraente. Quando o mundo começou a reconhecer Mozart por suas magníficas realizações musicais, ela se arrependeu da sua decisão. "Eu nada sabia a respeito da grandeza do gênio dele", disse ela. "Eu o via apenas como um homem pequeno."

A aceitação transmite amor e valor, e confere às pessoas a autoconfiança necessária para que elas se tornem tudo o que podem ser. Também permite que elas sejam quem elas são até se tornarem o que são capazes de se tornar.

Quando Marty e eu estávamos namorando, eu sabia que íamos ter um futuro maravilhoso juntos. Se ela se dispusesse a mudar em alguns aspectos, esse futuro seria ainda mais brilhante. Não sou ingênuo, de modo que, obviamente, não trouxe essa questão à baila no período de namoro e me abstive de tocar no assunto durante a lua-de-mel.

Depois de algumas semanas de felicidade conjugal, cheguei à conclusão de que era chegado o momento de falar a respeito das mudanças que eu tinha em mente. Fui suficientemente audacioso e tolo para externar meus pensamentos certa noite, durante o jantar. Com carinho e delicadeza, eu dei a conhecer com franqueza o meu ponto de vista. Como eu aprendi a respeito do casamento nessa noite! Também aprendi uma valiosa lição no tocante à aceitação.

Quando tentamos forçar as pessoas a serem quem queremos que elas sejam, as qualidades defensivas, obstinadas e ofensivas emergem. Entretanto, quando deixamos que as pessoas se recusem a mudar, damos a elas a liberdade de mudar.

Abstenha-se de aceitar as pessoas baseado no que elas poderiam ser, deveriam ser ou seriam caso se dispusessem a ouvir você. Enquanto não aceitarmos os outros incondicionalmente continuaremos a vê-los através de filtros que nos mostram como as pessoas precisam ser, deveriam ser e têm de ser. Nós as vemos através do filtro do preconceito.

Eugene Kennedy opina que "Quando uma pessoa nos dá valor exatamente pelo que somos, ela confirma a nossa existência". Depois de estar casado há mais de vinte anos, começo a compreender o valor de amar alguém independentemente de quem essa pessoa é ou deixa de ser, do que ela tem ou deixa de ter, do que ela faz ou deixa de fazer.

Adoro as tiras com quadrinhos dos *Peanuts*, em que Lucy diz para Snoopy:

"Existem momentos em que você realmente me aborrece; mas devo admitir que também existem momentos em que tenho vontade de lhe dar um abraço bem apertado."

Snoopy responde:

"É assim que eu sou... bonzinho e chato ao mesmo tempo."

Essa me parece ser uma descrição adequada para quase todas as pessoas... boazinhas e chatas. Ame-as mesmo assim.

Eis uma informação interessante publicada na revista *Newsweek*. De acordo com as pesquisas, a maior ameaça da coruja pintada pode não ser a derrubada das matas, mas a presença de uma de suas parentas.

Nos últimos anos, a coruja listrada vem migrando rapidamente para o Oeste. Essa coruja, que costumava viver exclusivamente a leste do Mississippi, subsiste do mesmo tipo de alimento que a coruja pintada, porém, é mais agressiva e adaptável.

Às vezes, são os nossos parentes (que não podemos escolher) que nos causam as maiores dificuldades. É nesse momento que precisamos de um bom amigo que não se oponha a nós, mas participe conosco das coisas que ambos apreciamos.

TENHO UMA PROPOSTA
PARA FAZER A VOCÊ

Quem acha que o casamento é um empreendimento meio a meio não conhece nem a metade.

FRANKLIN P. JONES

No último ano de faculdade, freqüentei uma curso chamado "O Casamento e a Família". Eu não estava nem mesmo namorando na ocasião, mas achei que devia me preparar para possibilidades futuras. O professor era um homem interessante e citou vários exemplos pessoais do seu casamento para animar as palestras. Na ocasião, questionei a validade das histórias dele, mas hoje, casado há 25 anos, percebo que até as mais estranhas delas podem ser verdadeiras.

Certo dia, ele começou a aula com uma declaração audaciosa: "Eis o segredo de um casamento bem-sucedido: o casamento não é uma proposta de meio a meio. Na proposta de meio a meio ninguém dá nada.

"Na verdade, o segredo de um casamento feliz é 60-40. O marido cede 60% das vezes e espera que a mulher ceda 40%. A mulher cede 60% das vezes e espera que o marido ceda 40%. Na proposta de 60-40, não colidimos no meio e dizemos: 'Agora é a sua vez.' Em vez disso nos entrecruzamos e nos sobrepomos, porque cada um está dando 60%."

Saí dessa aula, junto com outros 75 alunos, e nunca mais pensei na proposta de 60-40, a não ser, é claro, quando ela apareceu na prova final. Não estou certo de que exista uma fórmula mágica para o casamento bem- sucedido, mas continuo intrigado com o conceito de sempre dar um pouco mais do que a outra pessoa. O ditado que diz que "O casamento é uma caixa vazia. Ela permanece vazia, a não ser que você ponha dentro dela mais do que você tira" encerra alguma verdade.

Existe sem dúvida um grande número de atitudes, habilidades e opiniões a respeito do que faz um casamento dar certo. Com efeito, reuni alguns fragmentos de sabedoria conjugal. Achei que talvez você pudesse gostar de examinar um amplo espectro de perspectivas a respeito das alegrias de "se amarrar a alguém". Algumas das idéias refletem uma maravilhosa sabedoria, enquanto outras têm a intenção de oferecer um pouco de diversão descontraída.

A diferença entre um casamento bem-sucedido e um casamento medíocre consiste em deixar de dizer cerca de três coisas por dia.

MICHELLE GELMAN

O fracasso do casamento moderno se deve, em grande parte, ao fato de não usarmos o humor no processo da adaptação conjugal.

JULIUS GORDON

Duas coisas apenas são necessárias para fazer uma esposa feliz. A primeira é deixar que ela pense que faz o que quer. A segunda é deixá-la fazer o que quer.

LADY BIRD JOHNSON

O casamento não implica apenas a comunhão espiritual e abraços apaixonados; o casamento inclui três refeições por dia e lembrar-se de levar o lixo para fora.

DRA. JOYCE BROTHERS

A mulher feliz às vezes tem o melhor marido, porém, com mais freqüência ela tira o melhor partido do marido que tem.

MARK BELTAIRE

É preciso uma rédea solta para manter firme um casamento.

JOHN STEVENSON

O casamento é popular porque combina a tentação máxima com a máxima oportunidade.

GEORGE BERNARD SHAW

O casamento parece uma tesoura, cujas lâminas são tão ligadas que não podem ser separadas; freqüentemente, elas se movem em direções opostas, mas sempre castigam quem se coloca entre elas.

SYDNEY SMITH

O casamento deveria ser um dueto – quando um canta, o outro aplaude.

JOE MURRAY

Nunca pensei em divórcio. Já pensei em assassinato, mas nunca em divórcio.

DRA. JOYCE BROTHERS

O casamento é como tomar vitaminas. É um processo que implica suplementar as exigências mínimas diárias um do outro.

PAUL NEWMAN

Às vezes eu me pergunto se o homem e a mulher realmente são adequados um ao outro. Talvez eles devessem ser vizinhos e se visitar de vez em quando.

KATHARINE HEPBURN

Uma das razões pelas quais tomei a mais importante decisão da minha vida – casar-me com George Bush – foi o fato de ele me fazer rir. É verdade, às vezes rimos em meio a lágrimas, mas esse riso compartilhado tem sido um dos vínculos mais fortes entre nós.

BARBARA BUSH

Não existe um relacionamento, comunhão ou companhia mais adorável, cordial e encantador do que um bom casamento.

MARTIN LUTHER

As pessoas sempre perguntam aos casais cujo casamento já dura pelo menos um quarto de século qual o segredo do sucesso delas. Na verdade, não existe nenhum segredo. Sou uma mulher que sabe perdoar. Há muito tempo perdoei meu marido por não ser Paul Newman.

ERMA BOMBECK

Muitas pessoas me perguntaram o que Gracie e eu fizemos para que nosso casamento desse certo. É simples: não fizemos nada. Acho que o problema de muitas pessoas é que elas se esforçam muito para continuar casadas. Elas fazem do casamento um negócio. Quando trabalhamos demais num negócio, ficamos cansados; e quando nos cansamos, ficamos rabugentos; e quando ficamos rabugentos, começamos a brigar; e quando começamos a brigar, nosso negócio vai à falência.

GEORGE BURNS

O melhor marido que uma mulher pode ter é um arqueólogo. Quanto mais velha ela fica, mais ele se interessa por ela!

AGATHA CHRISTIE

Algumas pessoas perguntam qual o segredo do nosso longo casamento. Saímos para jantar fora duas vezes por semana. Fazemos questão de luz de vela, boa comida, música suave e dança. Ela sai às terças-feiras e eu às sextas.

HENNY YOUNGMAN

Formamos a imagem do parceiro perfeito, mas nos casamos com uma pessoa imperfeita. Temos então duas opções. Rasgar a imagem e aceitar a pessoa, ou rasgar a pessoa e ficar com a imagem.

J. GRANT HOWARD JR.

É exasperante ser amável todos os dias com o mesmo ser humano.

BENJAMIN DISRAELI

A familiaridade gera o desrespeito – e os filhos.

MARK TWAIN

A coisa mais importante que um pai pode fazer por seus filhos é amar a mãe deles.

REV. THEODORE HESBURGH

Muitos casamentos poderiam sobreviver se os parceiros percebessem que às vezes o melhor vem depois do pior.

DOUG LARSON

Depois de levar a melhor em uma discussão com a esposa, a coisa mais sensata que um homem pode fazer é pedir desculpas.

ANN LANDERS

E por fim, as palavras ditas em 1763 por Stanislaus Leszcynski, rei da Polônia:

Quando as pessoas se casam, elas prometem amar um ao outro. Não seria melhor para a felicidade delas se elas prometessem agradar um ao outro?

ENTENDIMENTO

✸

Se eu conseguir ouvir o que ele me diz, se eu conseguir entender o que isso significa para ele, se eu conseguir sentir a carga emocional que isso encerra para ele, estarei liberando poderosas forças de mudança dentro dele.

CARL ROGERS

QUE LÍNGUA VOCÊ ESTÁ FALANDO?

O Dr. Robert Schuller, em seu livro *Reach Out for New Life*, conta a história de um incidente ocorrido há muitos anos na Inglaterra. O personagem principal da história era o mais famoso elefante do mundo do circo, Bozo.

Bozo era um belo animal – um pedaço enorme de ternura e delicadeza. As crianças iam para o circo e estendiam a palma das mãos, cheias de amendoim, através da grade. O elefante estendia a tromba para pegar os amendoins e depois a enrolava para comer. Ele parecia sorrir enquanto engolia os amendoins. Todo mundo gostava de Bozo.

Mas, certo dia, alguma coisa aconteceu que mudou sua personalidade de positiva para negativa, praticamente da noite para o dia. Ele quase fugiu em debandada, ameaçando esmagar o homem que limpava sua jaula. Depois, começou a investir contra as crianças. O dono do circo percebeu que o elefante tinha se tornado perigoso e que o problema teria de ser enfrentado. Ele chegou à conclusão de que teria de matar o animal. Essa decisão lhe doía muito, primeiro, porque ele amava o elefante; segundo, porque Bozo era o único elefante que ele tinha. Ele importara Bozo da Índia e substituí-lo iria custar-lhe milhares de dólares.

Ele teve então uma idéia. Esse homem rude e desesperado tomou a decisão de vender ingressos para exibir a execução de Bozo. Pelo menos assim conseguiria levantar o dinheiro necessário para substituí-lo.

A história se espalhou, os ingressos foram vendidos e o local ficou superlotado. No dia marcado, lá estava Bozo na sua jaula e três homens armados com poderosos rifles se levantaram para mirar a cabeça do animal.

Pouco antes da ordem de atirar, um homem pequeno e atarracado, de chapéu-coco marrom, saiu do meio da multidão e dirigiu-se ao proprietário, dizendo: "Senhor, isso não é necessário. O elefante não é mau." O dono do circo respondeu: "É sim. Precisamos matá-lo antes que ele mate alguém." O pequeno homem de chapéu-coco retrucou: "Senhor, peço-lhe que me conceda dois minutos na jaula do animal e provarei que o senhor está errado. Ele não é um elefante mau."

O dono do circo pensou por um momento, torceu as mãos e disse: "Muito bem. Mas primeiro você tem de assinar uma declaração isentando-me de toda responsabilidade caso você seja morto."

O pequeno homem rabiscou num pedaço de papel as palavras "Eu o isento de toda culpa", assinou o nome, dobrou o papel e o entregou ao proprietário do circo. Este abriu a porta da jaula. O pequeno homem jogou o chapéu-coco marrom no chão e entrou na jaula. Assim que ele se viu do lado de dentro, a porta foi trancada atrás dele. O elefante levantou a tromba, urrou e barriu fortemente.

Mas antes que o elefante pudesse atacar, o pequeno homem começou a falar olhando diretamente nos olhos do animal. As pessoas mais próximas podiam ouvir o pequeno homem falar, mas não conseguiam entender o que ele estava dizendo. Ele parecia estar falando uma língua desconhecida. O elefante ainda tremia, mas ao ouvir o pequeno homem pronunciar aquelas palavras estranhas, começou a gemer, a chorar e a balançar a cabeça para trás e para a frente. O desconhecido caminhou em direção a Bozo e começou a acariciar-lhe a tromba. O animal, agora dócil, enrolou a tromba ao redor dos pés do pequeno homem, ergueu-o, carregou-o pela jaula e cuidadosamente o pôs de volta perto da porta. Todos aplaudiram.

Ao sair da jaula, o pequeno homem disse ao proprietário do circo: "Está vendo? Ele é um bom elefante. O único problema é que ele é um elefante indiano, e só entende hindustani. Ele estava com saudades de casa e queria alguém que pudesse entendê-lo. Sugiro que o senhor encontre alguém em Londres que fale hindustani e peça a essa pessoa que venha conversar com o elefante. O senhor não terá mais problemas."

Quando o homem apanhou o chapéu e foi embora, o dono do circo olhou para o pedaço de papel em suas mãos e leu a assinatura. O homem que usava o pequeno chapéu-coco era Rudyard Kipling.

O Dr. Schuller disse: "As pessoas também se sentem frustradas, zangadas e derrotadas quando ninguém as entende." Será que a pessoa com quem você está tendo dificuldades de relacionamento não está apenas precisando de alguém que entenda a situação dela, que fale a linguagem dela?

John Luther acreditava que "talento natural, inteligência e uma educação maravilhosa não garantem o sucesso. É preciso algo mais: a sensibilidade de entender o que as outras pessoas querem e a boa vontade de dar isso a elas".

Conhecemos as pessoas por meio do coração, e não dos olhos ou do intelecto.

MARK TWAIN

O QUE LEVA AS PESSOAS A AGIR SÃO AS RAZÕES DELAS

Se você der comida e conforto a um cão faminto, ele não o morderá. Essa é a principal diferença entre o homem e o cão.

MARK TWAIN

Acho que Mark Twain devia estar num mau dia quando escreveu essa frase. Embora exista uma boa razão para a teoria de que o cão é o melhor amigo do homem, até mesmo um cachorro pode ficar desiludido se o relacionamento for unidirecional. Vou explicar o que eu quero dizer com isso.

Ralph Waldo Emerson foi um grande historiador, poeta e filósofo, mas não tinha noção de como fazer um bezerro teimoso passar pela porta do estábulo. Certo dia, Emerson e seu filho estavam às voltas com esse desafio. Você consegue imaginar o garoto com os braços ao redor do pescoço do bezerro e Emerson atrás, retesado, tentando empurrar com toda a força que tinha? Enquanto eles empurravam repetidas vezes o bezerro, o animal empacou, travando os joelhos e enterrando as patas no chão, determinado a não obedecer.

Encharcado de suor, cheirando a bezerro, frustrado e exasperado, Emerson ficou parado ao lado do animal sem saber o que fazer. Uma jovem empregada irlandesa que tinha observado a cômica cena aproximou-se de Emerson e perguntou se poderia ajudar. Ela se colocou na frente do bezerro, pôs o dedo na boca do animal e este entrou docemente no estábulo acompanhando a moça.

Bob Conklin, em *How to Get People to Do Things*, disse: "As pessoas são como esse bezerro. Você pode espicaçá-las, pressioná-las à vontade, que elas não se mexem. Mas se você lhes der uma boa razão – uma das razões delas – uma maneira pela qual elas sairão lucrando, elas farão docilmente o que você quer. O que leva as pessoas a agir são os motivos *delas*. Não os *seus* motivos. E esses motivos são emocionais, provocados pela maneira como elas se sentem."

O que leva as pessoas a fazer as coisas são as razões delas, não as suas razões. Este é um dos maiores princípios, mas ao mesmo tempo um dos mais simples, das relações humanas. As pessoas fazem as coisas porque elas querem, não por que você quer que elas façam. Lord Chesterfield deu o seguinte conselho: "Se você quiser agradar as pessoas, você precisa agradá-las à maneira delas."

Depois que compreendemos que os relacionamentos se expandem por causa das necessidades e expectativas das pessoas, torna-se mais natural criar um ambiente onde exista calor e amor mútuos.

De que as pessoas precisam? Quais as razões que as levam a fazer as coisas? Quais as qualidades que exibimos que fazem com que as pessoas queiram iniciar e manter um relacionamento conosco?

Não torne isso excessivamente filosófico ou difícil. O comentário de Anthony Robbin de que "Quando as pessoas são parecidas elas tendem a gostar uma da outra" fornece, sob muitos aspectos, uma indicação para as respostas que estamos procurando. As mesmas coisas que fazem com que você se sinta atraído por alguém freqüentemente abrem as portas para que outras pessoas se sintam à vontade com você.

Faça uma lista das qualidades, atividades e atitudes das pessoas ao lado de quem você gosta de estar. Empenhe-se em aperfeiçoar e re-

Precisar de uma pessoa é como precisar de um pára-quedas. Se ela não estiver presente na primeira vez que você precisar dela, provavelmente você não vai precisar dela de novo.

finar esses atributos na sua vida. Não existem atalhos para os relacionamentos gratificantes, mas compreender as necessidades das pessoas é o caminho mais curto entre onde você está e onde você quer que seus relacionamentos estejam.

Para contestar a cínica comparação de Mark Twain entre as pessoas e os cachorros, talvez devêssemos considerar que com freqüência gastamos mais tempo e energia com os desejos e gostos do nosso cachorro do que com os do nosso cônjuge, filhos e amigos.

SERÁ QUE VOCÊ PODERIA SIMPLESMENTE ME OUVIR?

Isso acontece uma vez por semana. Minha mulher e eu temos uma conversa agradável a respeito de um assunto de que gostamos, ou ela me fornece detalhes a respeito de um evento que está para acontecer. Um pouco mais tarde, faço uma pergunta sobre um assunto sobre o qual ela já falou durante a conversa. Marty então olha para mim e diz: "Você nunca me escuta." Hum! Eu escuto, sim, penso eu, mas por alguma razão parte das informações parece simplesmente fugir da minha memória. Embora eu acredite que sou um bom ouvinte, minhas ações freqüentemente demonstram o contrário.

John Maxwell conta uma encantadora história de uma senhora de 89 anos que tinha problemas de audição. Ela foi se consultar com um médico e, ao terminar a consulta, ele disse a ela: "Existe agora uma técnica que pode corrigir seu problema auditivo. Para quando a senhora gostaria de marcar a operação?"

"Não vai haver nenhuma operação porque não quero corrigir minha audição", respondeu a mulher. "Estou com 89 anos e já ouvi o suficiente!"

Em qualquer idade, existem momentos em que podemos pensar "Eu já ouvi o suficiente e não quero ouvir mais nada." Karl Menninger

Quase todas as pessoas bem-sucedidas que eu conheço ouvem mais do que falam. Se você costuma escolher com cuidado as pessoas com quem anda, vale a pena ouvir o que elas têm a dizer. Você não precisa apagar a luz do próximo para que a sua possa brilhar.

BERNARD M. BARUCH

acredita que "os amigos que nos escutam são aqueles a quem procuramos e de quem queremos ficar perto." Se um relacionamento é importante para nós, é sensato lembrar que a diferença entre alguém se sentir à vontade conosco ou nos evitar depende da nossa disposição de escutar.

O seguinte poema revela o sentimento de alguém que deseja desesperadamente ser ouvido.

> Quando eu peço que você me escute
> e você começa a me dar conselhos,
> você não fez o que eu pedi.
>
> Quando eu peço que você me escute
> e você me diz que eu não deveria me sentir assim,
> você está menosprezando os meus sentimentos.
>
> Quando eu peço que você me escute
> e você tenta resolver os meus problemas para mim,
> você me decepciona.
>
> Ouça! Tudo o que eu pedi foi que você me escutasse,
> não que falasse ou agisse –
> simplesmente me escute.
>
> O conselho é barato;
> o preço de um único jornal nos permite ler
> Dear Abby e Billy Graham.

Eu posso agir sozinho; não estou indefeso –
talvez desanimado e hesitante,
mas não indefeso.

Então por favor escute, simplesmente me ouça.

E se você quiser falar,
espere um minuto até chegar a sua vez –
e então eu o escutarei.

AUTOR DESCONHECIDO

Esse escritor desconhecido estava expressando uma frustração sentida diariamente por um grande número de pessoas. Nos escritórios, no pátio das escolas, nos quartos dos hospitais, nas residências, no metrô e em toda parte encontramos pessoas que sentem verdadeiramente que ninguém está interessado na vida delas. Paul Tournier referiu-se da seguinte maneira a essa necessidade universal. "É impossível", disse ele, "enfatizar demais a imensa necessidade que os seres humanos têm de serem ouvidos, de serem levados a sério, de serem compreendidos. Ninguém pode se desenvolver livremente neste mundo e sentir-se realizado sem ser totalmente compreendido pelo menos por uma pessoa... Preste atenção às conversas que acontecem no mundo, tanto entre os países quanto entre casais. Elas são, em sua maior parte, diálogos entre surdos."

Pesquisas indicam que passamos 30% de um dia útil falando, 16% lendo, 9% escrevendo e 45%, a maior parte do tempo, ouvindo. No entanto, muito poucas pessoas estudam ou dominam as téc-

*Escutar é basicamente
uma atividade mental
e não auditiva.
Quando a mente não
está ativamente
envolvida no processo,
devemos chamá-lo de
ouvir, não de escutar.*

MORTIMER
ADLER

nicas auditivas, embora quase metade do nosso dia seja gasto nessa atividade.

Uma pesquisa extra-oficial sobre a arte de ouvir apresenta o seguinte resultado: "Ouvimos metade do que é dito, prestamos atenção à metade do que ouvimos, entendemos a metade daquilo a que prestamos atenção, acreditamos em metade do que entendemos e nos lembramos apenas de metade daquilo em que acreditamos." Se transportarmos essas suposições para um dia de trabalho de oito horas, teremos o seguinte:

Passamos cerca de quatro horas em atividades auditivas;

Ouvimos o correspondente a mais ou menos duas horas;

Prestamos efetivamente atenção durante uma hora;

Entendemos trinta minutos do que ouvimos nessa hora;

Acreditamos em apenas quinze minutos do ouvido nessa meia hora; e

Nos lembramos de menos de oito desses quinze minutos.

As estatísticas indicam a importância e a dificuldade de escutar, bem como a notória incompetência auditiva da maioria das pessoas. O mundo precisa de pessoas que estejam ansiosas por escutar. Ironicamente, elas não apenas tornam mais intensa a vida das outras pessoas como a delas próprias. Trata-se de uma questão em que todos os envolvidos saem vencedores. Além disso, os benefícios da aquisição dessa importante habilidade se fazem sentir durante a vida inteira.

POR FAVOR,
ME ENTENDA

Algumas semanas depois de começar o colegial, minha filha ficou frustrada. Embora ela fosse uma menina alegre e entusiasta, a pressão da escola, os conflitos com os amigos, as expectativas dos professores e o tempo que ela precisava dedicar às atividades extracurriculares eram um tanto opressivos. Quando Katy compartilhava comigo suas traumáticas experiências, eu tentava consolá-la dizendo-lhe que tudo ficaria bem e que ela não precisava ficar angustiada com essas dificuldades de menor importância.

"É fácil para você dizer isso, pai", respondia ela. "Você já resolveu todos os seus problemas."

A partir da perspectiva de um adolescente, os adultos já resolveram todos os problemas e a vida é uma festa contínua. O mais importante é que eu acho que Katy estava tentando me dizer que eu poderia usar um pouco de empatia. Ela queria que eu entendesse qual a sensação de ser uma caloura. Eu dei a minha filha conselhos saudáveis, práticos e realistas quando tudo o que ela realmente queria era um coração compreensivo. O que poderia ter sido um momento mágico entre pai e filha tornou-se apenas uma outra conversa.

Amar o próximo como a mim mesmo significa ouvi-lo como eu quero ser e compreendê-lo como eu quero ser compreendido.

DAVID
AUGSBURGER

O poeta Shel Silverstein escreveu um poema comovente intitulado *The Little Boy and the Old Man*. Ele retrata no poema um menino que conversa com um senhor idoso.

O menino diz: "Às vezes eu deixo cair minha colher." "Eu também faço isso", replica o velho.

"Eu choro com freqüência", prossegue o menino. O velho balança a cabeça e diz: "Eu também."

"Mas o pior de tudo", diz o menino, "é que parece que os adultos não prestam atenção em mim." Nesse momento, o menino sente "o calor de uma mão enrugada". "Entendo exatamente o que você quer dizer", diz o velho.

A maioria das pessoas acha que vêem o mundo como ele é. Infelizmente, na verdade, vemos o mundo como nós somos.

Vi as dificuldades da minha filha através dos olhos de um adulto, não de um aluno do primeiro ano colegial. O menino via o mundo através dos seus olhos e ele aprendeu que seus olhos eram muito parecidos com os olhos do velho. Num mundo obcecado pelo "eu" temos uma tremenda oportunidade de tocar a vida das pessoas pondo em foco o que é importante para elas.

John Powell escreveu: "Às vezes eu acho que o principal obstáculo à empatia é a nossa crença persistente de que todo mundo é exatamente como nós." Eu sei que isso não parece muito profundo, mas o significado dessa declaração é uma porta de entrada para o coração das pessoas. Compreender que os outros não pensam necessariamente como eu, não agem como eu, não se sentem como eu me sinto e não reagem diante de cada situação como eu reagiria me prepara para captar valiosas percepções intuitivas que poderiam de outro modo ter passado desapercebidas.

A capacidade de realmente entender as outras pessoas é um bem inestimável. Implica abrir a mente e o coração com um desejo insaciável de ajudar as pessoas a se sentirem compreendidas. Em cada conversa tenta-se pensar como os outros pensam e sentir o que os outros sentem. Se cada conversa começasse e evoluísse ao redor dessa intenção, eu me pergunto quantos conflitos poderiam ser evitados.

Suas conversas diárias são motivadas pelo desejo de fazer com que as pessoas entendam você, ou você procura em cada conversa se colocar no mundo da outra pessoa, ou seja, ver o mundo, as experiências, as esperanças, os receios e os sonhos dela como ela os vê? Os benefícios dessa atitude são imensuráveis porque para cada pessoa que sinceramente procurarmos entender haverá alguém que deseja fazer o mesmo por nós.

Torne possível alguém dizer hoje: "Quando estou com você, sinto que sou compreendido."

Às vezes podemos evitar que uma situação difícil se complique simplesmente demonstrando que estamos dispostos a entender a outra pessoa. Com freqüência, tudo que as pessoas precisam é saber que alguém se preocupa com o que elas sentem e está tentando entender a posição delas.

BRIAN TRACY

Incentivo

Não podemos fazer uma outra pessoa se sentir importante na nossa presença se interiormente acharmos que ela não é ninguém.

LES GIBLIN

QUAL O GRAU DE COMPETÊNCIA DAS PESSOAS?

Tive a oportunidade de ler a respeito de um jovem treinador de futebol americano da Universidade Estadual de Lousiana (L.S.U.) que sabia tirar partido de grandes expectativas. O time de futebol de Paul Dietzel de 1958 terminou quase na última colocação da Conferência do Sudeste. Nenhum dos seus trinta melhores jogadores pesava mais de 95 quilos e a habilidade deles estava longe de ser excepcional. Dietzel eliminou o conceito habitual de primeiro, segundo e terceiro time e dividiu sua equipe em três unidades, a saber, o White Team, o Go Team e os Chinese Bandits. A equipe Chinese Bandit seria normalmente conhecida como "esquentadores de banco". Entretanto, Dietzel convenceu os jogadores de que eram especialistas em defesa e os desafiou a dar tudo o que podiam.

Durante toda a temporada, os Chinese Bandits foram convocados a exibir suas duras e agressivas táticas de defesa que freqüentemente estabeleciam a diferença entre ganhar e perder. Naquele ano, a L.S.U. contrariou todas as expectativas, não sofrendo nenhuma derrota e sendo considerada a equipe número um nas pesquisas de opinião realizadas tanto pela Associated Press quanto pela United Press.

A única pessoa sensata que eu conheço é o meu alfaiate. Ele tira novas medidas sempre que vou procurá-lo. Todas as outras pessoas continuam a usar suas antigas medidas.

GEORGE
BERNARD
SHAW

O time da L.S.U. de 1958 não era tecnicamente muito bom, mas Dietzel nunca deixou que os jogadores soubessem disso. Ele não era como o treinador de futebol que disse ao seu time: "Nunca sofremos uma derrota ou um empate. Ninguém jamais marcou contra nós. Aproveitem porque temos de jogar agora nosso primeiro jogo." Dietzel incutiu em seus jogadores a convicção de que eles podiam ser bem-sucedidos e essa convicção gerou o poder de eles se mostrarem à altura das suas expectativas.

Qual seria seu grau de competência se você não soubesse quão competente você é? Qual seria o grau de competência do seu time se os jogadores não soubessem quão competentes eles são? Qual seria o grau de competência daqueles que o cercam se você aumentasse suas expectativas com relação a eles mesmos?

Crie grandes expectativas para as pessoas e faça com que elas saibam que você acredita mais nelas do que elas mesmas. As pessoas alcançam o sucesso se alguém que elas respeitam acham que elas podem ser bem-sucedidas.

OFEREÇA UM
OMBRO AMIGO

As olimpíadas de 1992 em Barcelona, na Espanha, ofereceram grandes momentos aos espectadores. Reprises de um evento de atletismo continuam vivas na minha memória.

O inglês Derek Redmond havia sonhado a vida inteira em ganhar uma medalha de ouro na corrida dos 400 metros rasos. As chances de ele realizar esse sonho aumentaram quando soou o disparo para o início das semifinais em Barcelona. Redmond estava tendo um excelente desempenho na corrida e a linha de chegada estava claramente à vista quando ele fez a curva final. Foi aí que aconteceu o desastre. Ele sentiu uma dor aguda na parte posterior da perna. Ele sofreu uma distensão no tendão do jarrete da perna direita e caiu com o rosto no chão.

O *Sports Illustrated* apresentou o seguinte relato dos acontecimentos:

Enquanto a equipe médica se aproximava, Redmond lutava para se levantar. "Foi puro instinto", diria ele mais tarde. Ele saiu pulando em um pé só, na louca tentativa de chegar ao fim da corrida. Quando chegou à reta final, um homem truculento, vestindo uma camiseta, saiu da arquibancada, passou pelo segurança e correu na direção de

Poucas coisas no mundo são mais poderosas do que um gesto de estímulo. Um sorriso. Uma palavra de otimismo e esperança. Dizer "você vai conseguir" quando as coisas estão difíceis.

RICHARD M. DEVOS

Redmond, abraçando-o. "Você não precisa fazer isso", disse ele ao filho que chorava. "Preciso sim", disse Derek. "Bem, então", disse Jim, "vamos terminar a corrida juntos."

E foi o que fizeram. Repelindo os homens da segurança, a cabeça do filho às vezes enterrada no seu ombro, eles prosseguiram na pista de Derek até o fim da corrida, enquanto a multidão olhava estupefata, levantando-se depois e começando a gritar e a chorar.

Que cena dramática! Derek Redmond não conseguiu conquistar a medalha de ouro, mas deixou Barcelona com a incrível lembrança de um pai que saiu do meio da multidão para compartilhar a dor do filho. Juntos, eles claudicaram até a linha de chegada.

Não existe uma única pessoa viva que não tenha ficado desapontada devido a expectativas não atingidas. As coisas nem sempre saem como planejamos quando tentamos realizar nossos sonhos. Obstáculos inesperados, eventos não programados ou a ocorrência de circunstâncias fora do nosso controle podem fazer nossos sonhos irem pelos ares. É incrível como nossas esperanças podem desaparecer depois da dor do fracasso, do constrangimento e do desânimo.

Uma palavra de incentivo durante um momento de fracasso vale mais do que uma tonelada de elogios depois de um sucesso. Orison Swett Marden disse: "Não existe nenhum remédio como a esperança, nenhum incentivo tão grande e tônico mais poderoso do que a expectativa de que o amanhã trará algo melhor." Você pode ser o distribuidor da esperança que faz alguém passar além do fardo do presente e avançar em direção a possibilidades futuras.

Entender a rapidez com que o *momentum* pode ser levado a uma parada abrupta aumenta a nossa sensibilidade para o que as outras pessoas sentem quando os desapontamentos atrapalham seus sonhos.

É nessa hora que elas precisam de alguém que se importe o suficiente com elas para sair do meio da multidão e acompanhá-las na pista. Deixe que elas saibam que você estará presente sempre que elas precisarem. Ofereça um ombro amigo no qual elas possam se apoiar para atravessar a dor com mais facilidade. Elas podem não alcançar o nível de sucesso que esperavam, mas nunca se esquecerão da pessoa que as ajudou a se levantar quando se sentiram abandonadas.

A parte mais difícil do sucesso é tentar encontrar alguém que se sinta feliz por você.

BETTE MIDLER

AJUDE AS PESSOAS A ACREDITAR EM SI MESMAS

Perguntaram a Yogi Berra se ele achava que a apresentação de Don Mattingly em 1984 havia superado suas expectativas. Yogi respondeu: "Não, mas ele se saiu bem melhor do que eu imaginara."

Yogi Berra é especialista em mensagens confusas. No entanto, nossa mensagem com relação ao que esperamos dos outros é de um modo geral claramente recebida.

Tommy estava tendo dificuldades na escola. Ele estava cheio de dúvidas e estava ficando para trás nas tarefas de classe. O professor de Tommy ficou frustrado com o desempenho do aluno e disse à mãe de Tommy que era pouco provável que ele conseguisse seguir uma carreira acadêmica ou que alcançasse o sucesso na vida.

A mãe de Tommy era de outra opinião. Ela tirou Tommy daquele ambiente de baixas expectativas e cuidou pessoalmente da educação do filho. Ela alimentou a natureza curiosa do jovem e o incentivou a usar o fracasso como uma indicação de que existe uma outra maneira de conseguir o que queremos.

Tommy se saiu muito bem. Ele se tornou um inventor e registrou mais de mil patentes. Podemos agradecer a ele pelas luzes que temos em nossa casa e por inúmeras outras invenções eletrônicas. Thomas Edison floresceu por causa da esperança criada pelas expectativas positivas de sua mãe.

Nossa missão nos relacionamentos não deve ser impressionar as pessoas e sim fazer com que elas acreditem em si mesmas. Quando demonstramos ter fé, abre-se a porta para que as pessoas tenham um conceito mais elevado de si mesmas. Essa autoconfiança cria um ambiente no qual as pessoas se sentem seguras para arriscar ir além de onde elas estão. Cada vez que você demonstra ter expectativas positivas com relação a uma pessoa, você está proporcionando a ela um alimento vital.

Se puder, assista ao filme *Stand and Deliver*. Observe como o professor de cálculo Jaime Escalante trabalha com alunos do ensino médio na zona leste de Los Angeles. Tenha em mente que se trata de uma parte do país em que as grandes expectativas são virtualmente inexistentes e a noção de qualidade de educação é uma utopia irrealizável.

Escalante se dedica a trabalhar com seus alunos para superar todas as limitações anteriores, tanto sociais quanto auto-impostas. Ele está empenhado em oferecer a eles a oportunidade de acreditarem em si mesmos e criarem esperanças para o futuro. Os jovens correspondem ao esperado.

Eu sorri quando o Serviço de Avaliação Educacional manifestou ceticismo com relação aos resultados obtidos pelos alunos de Escalante. Esse serviço investigou a classe para verificar se houve fraude. Finalmente, o responsável pelo serviço teve de admitir que os alunos de Escalante haviam chegado honestamente aos resultados. Esse grande professor desafiou a mente dos alunos e instilou neles a crença em si mesmos.

Mantenha-se afastado de pessoas que tentam menosprezar sua ambição. As pessoas mesquinhas sempre fazem isso, mas as pessoas ilustres nos fazem sentir que também podemos nos tornar ilustres.

MARK TWAIN

Para que possamos fazer as pessoas se sentirem importantes, precisamos enxergar o valor delas. Aquilo que procuramos nos outros, nós conseguimos ver. O que nós vemos, nós transmitimos. O que transmitimos incentiva as pessoas a reagirem de acordo. O que você vê e espera dos outros?

COMO REDUZIR A
FERROADA DA CRÍTICA

Sem dúvida algumas pessoas possuem uma memória fotográfica. Elas se lembram de todos os aspectos negativos das pessoas que as cercam. Em algum momento da sua vida você provavelmente já conheceu alguém assim e teve de lutar para escapar dos violentos ataques. Apesar de a crítica não matar, seu ferrão pode ter um impacto duradouro.

É difícil viver de acordo com a sabedoria de Charles Spurgeon, que disse: "Os insultos são como moedas defeituosas; não podemos evitar que nos sejam oferecidas, mas não precisamos aceitá-las." Isso é mais fácil dizer do que fazer. A crítica parece ter a propriedade de seguir diretamente para o nosso centro emocional e deixar cicatrizes indesejáveis.

Temos de fato opção quanto à maneira de lidar com os insultos que recebemos, e devemos compreender que independentemente da importância da questão, ela pode se tornar pior ou melhor de acordo com a nossa reação. Quando sou criticado, tenho a tendência de reagir de modo exagerado e ficar na defensiva. Fico repisando o comentário, remoendo o ocorrido na mente, tentando justificar minhas ações ou provar mentalmente que a outra pessoa estava errada. Uma

O homem de sucesso é aquele que é capaz de construir um alicerce firme com os tijolos que as outras pessoas atiram nele.

DAVID BRINKLEY

quantidade incrível de energia é despendida nessa atividade espiralada e improdutiva.

Da próxima vez em que você se vir alvo de críticas, aprenda a dessensibilizar o impacto das acusações em vez de permanecer indefeso.

1. Examine a origem. Geralmente, é a pessoa que não sabe dançar que reclama da irregularidade do piso. Da mesma forma, as pessoas que criticam os outros freqüentemente estão ferindo a si mesmas. Por estarem frustradas com a vida, elas procuram lançar a culpa sobre outra pessoa. Não leve a crítica delas para o lado pessoal.

Numa tarde quente de verão, enquanto eu dirigia por uma estrada deserta, notei que alguns abutres pairavam no alto, precipitavam-se para o chão e depois subiam de novo. Seus motivos eram sem dúvida egoístas, pois pude observar um pequeno grupo deles dilacerar e devorar o cadáver de um pequeno animal caído ao lado da estrada. Esse é o estilo de vida deles: eles estão sempre em busca de uma criatura da qual possam tirar proveito. De uma maneira semelhante à dos abutres, as pessoas críticas tendem a procurar vítimas ingênuas e vulneráveis que elas possam dilacerar e devorar. Examine de quem parte a crítica antes de decidir levar à sério o que foi dito.

2. Sorria. Você já tentou discutir com alguém que está sorrindo para você? Se você quiser desarmar um atacante, respire fundo, sorria e diga: "Obrigado." O. A. Bautista diz que "Um dos indícios mais certos de um bom caráter é a capacidade de aceitar a crítica sem sentir rancor pela pessoa que a fez". Eu poderia acrescentar que também é preciso ter um caráter forte para neutralizar a crítica antes que ela cause dano a nós ou ao relacionamento. Não estou sugerindo que isso seja fácil, mas você certamente achará útil procurar analisar o comentário crítico sob vários ângulos.

Além de sorrir, mantenha intacto o seu senso de humor. O humor é uma ferramenta maravilhosa para neutralizar a ferroada da crítica e da desaprovação. Ele desviará sua atenção e reduzirá os efeitos.

Adoro a história da mulher que levou ao médico, para um *check-up*, o marido que andava trabalhando demais. O médico chamou a mulher de lado e sussurrou: "Não gosto da aparência do seu marido."

"Nem eu", retrucou ela, "mas ele nunca deixou faltar nada em casa."

3. *Saiba que ela virá mas não a aceite.* Epicteto nos ofereceu a maneira ideal de lidar com todas as pessoas que têm memória fotográfica. "Se alguém o criticar, concorde de imediato. Diga ainda que se a outra pessoa o conhecesse bem certamente encontraria outras coisas para criticar." Discutir com quem o critica é uma batalha sem vencedor, de modo que Epicteto acreditava que a melhor maneira de silenciar os críticos e não desperdiçar energia é concordar com eles e seguir adiante.

Alguém disse certa vez que só existem duas pessoas críticas no mundo... elas simplesmente se deslocam muito e parecem derrubar a massa com as suas críticas. "Nada é mais desgastante do que estar perto de um pessimista – aquele que acha defeito em tudo e está sempre criticando as pessoas", disse Cavett Robert. "Todos conhecemos o tipo. A mente dele cheira mal. Ele é um comitê de reclamações de uma só pessoa em sessão permanente." Na verdade, a crítica se tornou um passatempo nacional e, mais cedo ou mais tarde, você será o alvo do mau cheiro mental de alguém. Nem tudo o que dizem a seu respeito é verdade. É importante que você avalie imediata e objetivamente o valor do comentário da outra pessoa. Aprenda o que for possível com a crítica. Se o outro estiver certo, faça mudanças. Se ele estiver errado, não perca nem mais um momento concentrando-se nas acusações.

4. Não leve a crítica para o lado pessoal. Abraham Lincoln jamais teria feito tudo que fez se não tivesse aprendido a se esquivar ou tirar vantagem da crítica maciça com que deparou. Vale a pena apreciar o discernimento dele: "Se eu tentasse ler, ou pior, responder, todos os ataques feitos a mim, seria melhor fechar este negócio e abrir qualquer outro", disse Lincoln. "Faço o melhor que sei fazer, o melhor que posso; e pretendo continuar a fazê-lo até o fim. Se o fim demonstrar que estou certo, o que é dito contra mim não terá importância. Se o fim demonstrar que estou errado, dez anjos jurando que eu estava certo não fariam a menor diferença."

O coronel George Washington Goethals enfrentou enorme oposição como supervisor responsável pela construção do Canal do Panamá. Não apenas seus construtores enfrentavam incríveis desafios com a geografia local, o clima e as doenças, como também o povo americano achava que ele nunca concluiria a "impossível tarefa". O grande engenheiro manteve a fé e mostrou-se decidido a perseverar, prosseguir e completar o projeto sem se deixar abalar pela oposição.

Em determinado ponto, um colega lhe perguntou: "Você não vai responder às críticas?" "Em seu devido tempo", retrucou Goethals. "De que maneira?", perguntou o homem. O coronel sorriu e disse: "Concluindo o canal!" Essa resposta se materializou no dia 15 de agosto de 1914, quando o canal foi aberto pela primeira vez ao tráfego.

Seguir em frente. Não se deixar envolver por batalhas verbais. Produzir resultados. Essas são freqüentemente as melhores maneiras de neutralizar a zombaria. Saiba que ela virá. Não a aceite. Siga em frente.

5. *Avalie os benefícios.* Quando o lendário Knute Rockne era o técnico da equipe de futebol americano de Notre Dame, surgiu uma coluna no jornal da escola sem nenhuma indicação de quem a estava escrevendo. Ela era assinada apenas "Old Bearskin". O colunista apontava as fraquezas individuais dos jogadores e criticava severamente os defeitos e o desempenho infeliz de cada um deles.

A notícia se espalhou rapidamente pelo campus, e os jogadores se queixaram a Rockne de que estavam sendo injustamente criticados. Rockne mostrava-se solidário com os jogadores e incentivava-os a entrar em campo e provar que o autor da crítica estava errado.

O autor da coluna nunca foi descoberto, quer dizer, pelo menos até Rockne morrer. E, adivinhem só? "Old Bearskin" era na verdade o melhor amigo e técnico dos jogadores. Exatamente. *Rockne* escrevia o artigo. Ele estava ciente do que acontecia às grandes lendas do futebol quando o sucesso no campo lhes subia à cabeça. No papel de "Old Bearskin", suas críticas eram uma tentativa de ajudar os jogadores a evitar as armadilhas do orgulho e a se esforçar continuamente para atingir novos níveis de desempenho.

Por mais injusta que uma crítica possa parecer, ela também pode ser uma proteção contra as ciladas do sucesso. Corrie ten Boom acredita que "Nossos críticos são os guardiães não-remunerados da nossa alma". Isso pode ser um pouco difícil de engolir, mas, por meio de uma mente aberta, as percepções das outras pessoas podem efetivamente nos ajudar a aperfeiçoar nossos talentos. O grande varejista Marshall Field tinha uma atitude saudável com relação à crítica. Ele dizia: "Os que entram para comprar, sustentam o meu negócio. Os que se aproximam para me adular, me agradam. Os que se queixam, me ensinam como posso agradar aos outros para que mais pessoas venham comprar no meu estabelecimento. Os únicos que me magoam são os que não estão satisfeitos mas não se queixam. Eles me negam a oportunidade de corrigir meus erros e, desse modo, melhorar meu serviço."

Passei pela infeliz experiência de ir ao médico para determinar a origem de uma forte dor no estômago. Enquanto eu estava deitado na mesa de exame, ele começou a cutucar e a pressionar várias áreas do meu corpo, ao mesmo tempo que ia perguntando: "Dói aqui? E aqui?" Foi uma experiência bastante desagradável.

Quando eu me retraía por causa da dor ao ser pressionado um determinado ponto, era óbvio que ou ele estava comprimindo com força excessiva, sem a sensibilidade adequada, ou se tratava de uma área problemática. No meu caso, precisei fazer exames adicionais que diagnosticaram uma infecção e indicaram a necessidade de um tratamento.

O mesmo acontece com a crítica. O fato de não nos sentirmos à vontade pode ser uma indicação de que existe a necessidade de uma atenção adicional. Talvez alguém esteja apenas pressionando um ponto crítico e não seja tão sensível quanto deveria ser. Você não pode controlar as pessoas críticas na sua vida. Mas o que você faz com a crítica é decisão sua. E você certamente pode controlar a maneira pela qual critica as pessoas. Você faz críticas com amabilidade e as usa para incentivar os outros, ou você as empunha como uma arma de destruição? Na próxima vez em que achar que precisa criticar alguém, certifique-se de que a mensagem final seja de incentivo.

Só posso agradar a uma pessoa por dia. Hoje não é o seu dia. O dia de amanhã também não apresenta boas perspectivas.

DILBERT'S WORDS OF WISDOM

COMUNICAÇÃO

✳

*A razão pela qual você não me
entende é o fato de eu estar
falando em inglês e você estar
ouvindo em dingbat.*

ARCHIE BUNKER

SÓ PARA
HOMENS

O Dr. Paul Faulkner acha que existe uma nítida diferença entre a capacidade auditiva dos homens e das mulheres. No seu livro *Making Things Right*, o Dr. Faulkner declara que a instalação elétrica das mulheres é de 440 volts! Elas possuem pequenos fios emocionais que se projetam em todas as direções. Elas possuem uma instalação para som e uma comunicação bidirecional. Elas falam e recebem. Elas se ligam às emoções e às necessidades dos outros.

Por outro lado, a instalação elétrica dos homens é de 12 volts. Isso é tudo. Temos dois pequenos fios que se projetam, e ambos estão vergados. Nossos alto-falantes geralmente estão ligados mas nossos receptores, não. Temos então de fazer um esforço muito maior para ouvir do que as mulheres. Nossa instalação elétrica é simplesmente diferente. Nós, homens, somos como duas latas de conserva e um fio encerado; as mulheres têm uma fiação extremamente complexa.

As dificuldades de comunicação entre Archie e Edith Bunker provavelmente pouco tinham a ver com o fato de um falar inglês e

Antes do casamento, o homem fica acordado a noite inteira pensando em alguma coisa que dissemos; depois do casamento, ele pega no sono antes de acabarmos de falar.

HELEN ROWLAND

o outro, "dingbat". O Dr. Faulkner talvez sugerisse que Archie Bunker deveria dedicar redobrada atenção aos seus fios vergados e ao seu receptor que não funciona.

Pensando bem, acho que vou reforçar o meu sistema de 12 volts para melhorar minha recepção. E você, o que vai fazer?

DOMINE UM RARO
SEGREDO PARA O SUCESSO

Henry Ford disse que "Se existe um segredo para o sucesso, ele repousa na habilidade de captar o ponto de vista da outra pessoa e ver as coisas tanto a partir da perspectiva dela quanto da sua própria". Saber ouvir com eficácia desempenha um importante papel na nossa capacidade de entender as situações a partir do ponto de vista de uma outra pessoa, garantindo, assim, um entendimento mútuo. Henry Ford considerava essa habilidade tão importante que a promoveu como um segredo para o sucesso. Analise os quatro princípios seguintes para aprender a escutar com eficácia. Essas técnicas práticas e comprovadas aumentarão drasticamente o impacto que você exerce sobre as pessoas.

Quando você fala, não aprende nada.
LYNDON B. JOHNSON

1. *Desenvolva a disposição de ouvir.* É o coração e não os ouvidos que determinam a eficácia no ouvir. Existe um ditado que diz que "quando o coração está disposto, ele encontra mil maneiras; mas quando o coração está fraco, ele encontra mil desculpas".

Certa vez um homem procurou seu vizinho fazendeiro e pediu uma corda emprestada. "Não posso emprestá-la", respondeu o vizinho, "eu a estou usando para amarrar o leite."

"Não se pode amarrar o leite com uma corda", retrucou o homem.

"Eu sei", respondeu o fazendeiro, "mas quando não queremos fazer uma coisa, qualquer desculpa serve."

Quanta verdade nessas palavras! Escutar é um desejo, a atitude de querer ouvir o que os outros estão dizendo. Dick Cavett explicou por que essa atitude é tão importante. Ele disse: "É rara a pessoa que se dispõe a ouvir o que ela não quer ouvir." Assumir a atitude ou querer ouvir é um trabalho interior. Você pode ler todos os livros sobre o assunto, fazer um grande número de cursos ou procurar outras fontes de aprendizado, mas o pré-requisito para você se tornar um líder eficiente é desenvolver a disposição de escutar.

2. *Seja aberto*. A "verdadeira comunicação", escreveu Carl Rogers, "acontece quando escutamos com entendimento, ou seja, olhamos para a idéia da pessoa que está falando a partir do ponto de vista dela, sentimos da maneira como ela se sente a respeito da idéia e percebemos por que a pessoa está falando sobre essa idéia". As pessoas deixam de atingir esse nível de comunicação quando tiram conclusões apressadas, encontram defeitos na mensagem, reagem a palavras com uma carga de emoção ou deixam que seus preconceitos interfiram no que está sendo dito.

Raramente ando de carro sem tocar uma fita educativa ou inspiradora. Raramente discuto, interrompo ou grito com o meu toca-fitas. Em vez disso, ouço atentamente a mensagem do orador, faço algumas anotações por escrito e depois reflito sobre o que foi dito. Em outras palavras, embora eu possa não concordar com tudo o que ouço, não considero uma opção ser seletivo no momento em que ouço, prestando atenção apenas naquilo com que eu concordo ou deixando de fora os assuntos que não considero interessantes. Acho extremamente importante ouvir toda a mensagem sem fazer suposições que bloqueiem a nossa capacidade de entender o ponto de vista da outra pessoa.

A palavra "comunicação" vem do radical latino que significa "ter em comum". Quando você estiver ouvindo, seja suficientemente aberto para procurar um terreno comum. Essa abertura diante da arte de ouvir aumentará a sua compreensão e capacidade de entender as idéias e os sentimentos que estão sendo compartilhados.

Temo que, com excessiva freqüência, nossa mente auditiva seja como a do consultor experiente. Um estagiário de consultoria administrativa estava sendo treinado por um colega experiente. Enquanto o novato seguia de perto o veterano, notou que várias vezes por dia as pessoas despejavam seus problemas sobre o colega experiente. Este mantinha contato visual com a pessoa que estava falando, balançava positivamente a cabeça e exibia um sorriso caloroso. Depois, eles seguiam para outro departamento onde a mesma cena se repetia. Diariamente o consultor experiente dava a impressão de escutar pacientemente as queixas de todo mundo.

Finalmente, o jovem não conseguiu mais se conter. "Não entendo como você agüenta. Como é que você consegue ouvir os problemas de todo mundo, o tempo todo, e continuar com uma atitude tão positiva?"

O consultor mais velho exibiu um sorriso cínico e respondeu: "Quem está ouvindo?"

3. Fique atento. O Presidente Abraham Lincoln disse: "Quando estou me preparando para discutir um assunto com outra pessoa, passo um terço do meu tempo pensando sobre mim mesmo e o que eu vou dizer, e dois terços pensando sobre ela e o que ela vai dizer." Lincoln, com sua enorme capacidade de comunicação, sabia como era importante prestar atenção às pessoas com quem se comunicava.

Ouvir com atenção é difícil, em parte porque a pessoa normal pode ouvir de quatrocentas a seiscentas palavras por minuto, enquanto a velocidade média da fala é de duzentas a trezentas palavras por minuto. Essa diferença oferece à mente um período substancial de tempo para que ela possa vagar.

Talvez esse fato explique por que o ouvinte normal retém apenas 50% do que ouve; após 48 horas, retém apenas 25%; e depois de uma semana, 10%.

Além disso, nós ouvimos com uma taxa de eficiência de cerca de 25%, o que quer dizer que desconsideramos, entendemos mal ou distorcemos a maior parte do que ouvimos.

Como podemos então aumentar nosso quociente de atenção? Torne-se uma esponja. Impregne-se de tudo o que a outra pessoa disser. Sorva tudo. TUDO. Deixe de fora todas as distrações. Lembre-se de que sua mente está operando num ritmo de quatrocentas a seiscentas palavras por minuto. Por conseguinte, para dar a alguém sua total e irrestrita atenção e sorver toda a mensagem:

Mantenha um contato visual confortável. Não encare a pessoa.

Não tire conclusões apressadas, nem tente adivinhar o que a pessoa vai dizer a seguir.

Não interrompa. Deixe a pessoa terminar.

Seja paciente.

Escute tanto a mensagem que foi dita quanto a que não foi dita.

Não rejeite as pessoas. Mantenha a mente aberta.

Fique em silêncio.

Faça algumas anotações.

Espere para preparar sua resposta depois que a pessoa terminar.

Balance afirmativamente a cabeça, sorria, concorde com o que está sendo dito, incline-se levemente para a frente. Participe ativamente da conversa.

Faça perguntas para esclarecer pontos que você possa não ter entendido direito.

Não permita que o modo de falar das pessoas o distraia do que elas estão dizendo.

Parafraseie o que foi dito. Certifique-se de que você tem uma imagem precisa da mensagem.

Essas estratégias exigem uma tremenda disciplina e autocontrole. Você é capaz de fazê-lo. Empenhe-se e evite a tentação de se distrair. A maior homenagem que você prestar a uma pessoa é dar a ela sua irrestrita atenção.

4. Faça as pessoas se sentirem felizes por estarem falando com você. Com freqüência, pressuponho que as pessoas estão falando comigo porque estão em busca de um conselho. Em geral, a última coisa que uma pessoa procura é conselho. As pessoas querem um ouvido amigo, aquele que tenta sinceramente sentir o que elas estão sentindo e aceitá-las por isso. "Depois de 36 anos", diz Ann Landers, "compreendi que muitas pessoas que escrevem para mim não estão querendo um conselho. Elas só precisam de alguém que as escute."

Uma história particularmente inspiradora no tocante ao valor da arte de ouvir é a da jovem que foi convidada para sair por dois homens. Na primeira noite ela foi jantar com William E. Gladston, ilustre diplomata inglês. Ao chegar em casa, perguntaram a ela o que tinha achado do encontro. "Oh", respondeu ela, "William Gladstone é o homem mais inteligente da Inglaterra."

No outro dia, quando ela chegou em casa depois do encontro com o igualmente ilustre Benjamin Disraeli, a mesma pergunta lhe foi feita. Ela respondeu pensativa: "Benjamin Disraeli me fez sentir a mulher mais inteligente da Inglaterra."

Qual foi a diferença? Diz-se que ouvir uma pessoa é a maior homenagem que você pode prestar a ela. Essa pessoa se sentirá valorizada pela atenção que você dispensa a ela e ao que ela tem a dizer. Disraeli era conhecido pela sua capacidade de ouvir, e é uma conseqüência natural que toda pessoa que saísse com ele se sentisse importante.

George e Nikki Kochler espelham a importância de fortalecer as pessoas ouvindo-as: "Quando você eu ouvimos outra pessoa, estamos comunicando o pensamento de que 'Eu estou interessado em você como pessoa e acho que o que você sente é importante. Respeito seus pensamentos, mesmo que não concorde com eles. Eu sei que eles são válidos para você. Estou certo de que você tem uma contribuição a fazer. Não estou tentando mudá-lo ou avaliá-lo. Apenas quero entendê-lo. Acho que vale a pena escutá-lo e quero que você saiba que sou o tipo de pessoa com quem você pode falar' ".

É essa a atitude que permeia as suas conversas? Uma maneira verossímil de avaliar essa pergunta é responder a esta outra: Quão importantes as pessoas se sentem depois de passar algum tempo comigo?

Freqüentemente ouvimos falar na arte da conversação – como a conversa está esmorecendo, o que é preciso para fazê-la florescer ou como são raras as boas conversas. Mas você não acha que a avis rara infinitamente mais valiosa é o bom ouvinte?

MALCOLM FORBES

DESENREDE OS
SEUS CHIFRES

Ouvi dizer que um velho mosteiro perto de Babenhausen, na Alemanha, tem em exposição dois pares de chifres de veado permanentemente entrelaçados. Parece que eles foram encontrados nessa posição há muitos anos. Diz a lenda que os animais tinham lutado tão ferozmente que seus chifres se entrelaçaram e eles foram incapazes de se libertar. Em decorrência disso, os dois veados morreram de fome.

Imagine esses chifres entrelaçados. Eles representam a rígida condição que o conflito pode criar. Quando estamos determinados a conseguir o que queremos, a ganhar todas as discussões ou a exigir nossos direitos, corremos o risco de ficar tão enredados que fazemos o relacionamento morrer de fome. O conflito não-resolvido ameaça dissolver os relacionamentos.

As fortes emoções negativas também podem se estender a pessoas que estão fora do conflito inicial. Foi isso que aconteceu na primavera de 1894 quando os Orioles de Baltimore foram a Boston para uma temporada regular, um jogo de beisebol de rotina. O jogo se tornou tudo menos rotina quando ocorreu um conflito entre dois jogadores.

John McGraw, do Orioles, se indispôs com o jogador da terceira base do time de Boston. Em poucos minutos, os dois bancos se esvaziaram porque os jogadores se juntaram à briga. As pessoas na tribuna de honra resolveram se envolver e começou o conflito entre os fãs. Alguém ateou fogo às arquibancadas e, finalmente, o estádio ficou totalmente queimado. Para piorar as coisas, o fogo se espalhou para outros 107 prédios da cidade. Esse conflito desnecessário se transformou num desastre para a comunidade.

Os conflitos são inevitáveis, mas esses efeitos devastadores podem ser evitados. Trazemos para os nossos relacionamentos uma formação, experiências, opiniões e emoções diferentes. Sempre que duas pessoas se encontram com assiduidade, é extremamente provável que ocorra alguma discórdia. Os conflitos não devem ser encarados como anormais. A verdadeira questão é conseguir ou não resolvê-los.

As experiências anteriores certamente afetam a maneira como hoje nos aproximamos do conflito. Quando eu era criança, eu costumava, de tempos em tempos, discutir com meus dois irmãos. Minha mãe imediatamente intervinha, separava os filhos e os mandava cada um para o seu quarto até aprenderem a se dar bem com os outros. Mas vamos pensar nisso por um instante. É impossível aprender a nos dar bem com as pessoas ficando separados delas. De qualquer modo, quando deparo hoje com um conflito, minha primeira reação é ir para o meu quarto (ou para qualquer outro lugar onde eu possa ficar sozinho). Infelizmente, quando saio do quarto, o conflito ainda está esperando por mim.

Não existe uma solução mágica para resolver conflitos. Existem, contudo, várias ações que podemos pôr em prática para dissipar situações de tensão e dar um passo em direção à resolução das questões.

1. Busque benefícios mútuos. O aspecto ridículo das discussões egoístas e agitadas foi demonstrado por um homem em Cresco, no Iowa, há alguns anos. Ele transformou uma garagem para um carro numa garagem para meio carro, contratando um profissional para serrar e estrutura e dividi-la em duas partes iguais. Esse ato foi o clímax de uma disputa de delimitação entre a propriedade de Halsted e um pequeno terreno adjacente. Ao constatar-se que a garagem de Halsted ficava na linha divisória entre as duas propriedades, as negociações sobre o uso da garagem foram interrompidas e a metade da garagem que não estava na propriedade de Halsted foi demolida.

Não adianta procurar soluções para um conflito se não estivermos dispostos a chegar a um acordo que seja mutuamente benéfico. É imperativo que nos concentremos *no que* é certo para as pessoas e não *em quem* está certo. Aprendi há muito tempo que os vencedores de um conflito não aprendem nada e os perdedores nunca esquecem quem pisou neles para conseguir o que queriam.

2. Procure um entendimento. Estou trabalhando numa invenção que vai revolucionar o mundo dos negócios. Uma vez aperfeiçoada, prevejo que essa invenção irá eliminar o conflito. Que invenção é essa? Um Enema do Ego. Incontáveis problemas nos relacionamentos seriam resolvidos se pudéssemos eliminar o ego da fórmula.

"Se você não concordar comigo", disse Sam Markewich, "é porque não estava prestando atenção." Esse comentário implicaria que qualquer discussão encerra basicamente dois lados: o nosso lado e o lado em que nenhuma pessoa inteligente, bem-informada, sensata, que respire, ou que tenha um pouco de amor-próprio poderia estar. Entende o que quero dizer com a necessidade de um Enema do Ego?

A maioria das pessoas acha que vê o mundo como ele é, mas isso não é verdade. Elas vêem o mundo como elas são. Percebemos as situações com base em quem somos e não do ponto de vista das outras pessoas. Tente ver o mundo da maneira como elas o vêem. Procure ser sensível às emoções dos outros. Não existem emoções certas ou erradas. Aceite as pessoas e as opiniões delas. Tente compreender a perspectiva delas com relação às questões que estão sendo discutidas. Compreenda que as prioridades delas podem não ser as suas e os motivos por trás das convicções delas podem esclarecer a situação como um todo. Aceite as diferenças pessoais e siga em frente.

3. *Concentre-se no problema.* Conheça bem os fatos. Não se baseie em suposições. Sempre que ocorrer um conflito, é sensato garantir que os dois lados estejam lendo a mesma página. Abstenha-se de atacar as pessoas e não argumente. Evite brigar, discutir ou tentar mudar as opiniões ou o comportamento do outro. Insultos, acusações e censuras são estratégias estagnadas.

Aristóteles tinha um ponto de vista interessante. "Quantas disputas poderiam ter sido reduzidas a um único parágrafo", disse ele, "se cada lado tivesse ousado definir suas condições." Não é possível chegar a uma solução lidando com sintomas. Defina suas condições definindo primeiro o problema. Certifique-se de que tem certeza de qual é o VERDADEIRO problema.

4. *Encontre um ponto de concordância.* Você já deve ter ouvido falar que às vezes as pessoas precisam apenas aprender a concordar em discordar. Isso pode ser verdade, mas prefiro ver as coisas a partir de uma perspectiva diferente antes de me resignar a essa conclusão. Cullen Hightower disse: "Muita coisa é dita a favor da discussão e muito pouco a favor de um acordo." Gosto de estar ao lado de pessoas agra-

dáveis com quem posso debater aberta e livremente assuntos, preocupações ou temas sobre os quais necessariamente não temos a mesma opinião. A pessoa agradável é aquela que tem a capacidade de sorrir, de balançar afirmativamente a cabeça e de expressar respeito pela opinião do outro.

Sempre que você se mostrar disposto a ser desagradável, a outra pessoa se sentirá desafiada e a inteligência dela será questionada. Dizer a uma pessoa que ela está totalmente errada, coloca-a imediatamente na defensiva, torna-a mais obstinada e faz com que a posição dela se torne mais inflexível. Que tal concordar em descobrir pontos em comum, fazer um esforço para tomar como base as coisas com as quais concordamos e transcender as divergências?

Existe um antigo ditado que diz: "Concorde rapidamente com o seu adversário." Ajude os outros a estar certos a respeito do maior número possível de coisas e você ficará impressionado com a rapidez com que verá diminuir a resistência com relação a outros assuntos.

5. *Crie soluções.* Não fique repisando o problema – simplesmente admita-o e dirija-se ao processo criativo e estimulante de gerar soluções. "Não podemos apertar a mão", disse Golda Meir, "com o punho fechado." Tampouco podemos criar soluções para uma divergência com uma mente inflexível ou um ponto de vista isolado. Quais são TODAS as soluções possíveis que irão produzir um benefício mútuo?

6. *Defina um plano de ação no qual todos saem vencedores.* A motivação por trás de toda discussão conflituosa deveria ser chegar a um ponto no qual podemos genuinamente concordar com uma solução que favoreça a todos. Procure ceder nos pontos menos importantes da divergência que se tornaram um constante tormento. Procure pontos

importantes de concordância que possam ser mutuamente benéficos. Descubra maneiras de alimentar a auto-estima da outra pessoa. Seja agradável, respeitoso e atencioso, em vez de exigente e ameaçador – você irá muito mais longe. Tente gostar da pessoa que está do outro lado, ao mesmo tempo que aceita as diferenças e tira proveito dos pontos de concordância.

Freqüentemente, duas pessoas se aproximam de uma discussão como o homem que disse para o colega de trabalho: "Tudo bem, vamos fazer concessões mútuas. Vou admitir que estou certo se você admitir que está errado."

Uma edição do *Pulpit Helps* publicou uma história engraçada a respeito de um caçador que estava com a arma apontada para um urso grande, e prestes a puxar o gatilho. Nesse exato momento, o urso falou com uma voz suave e delicada: "O que você acha de nós conversarmos em vez de você atirar?" O caçador baixou o rifle e respondeu: "Eu gostaria de ter um casaco de pele." "Isso é bom", disse o urso. "Acho que existe algo sobre o que podemos conversar. Tudo o que eu quero é encher o meu estômago; talvez possamos chegar a um acordo." Eles então se sentaram e discutiram o assunto. Algum tempo depois, o urso foi embora sozinho. As negociações tinham sido coroadas de sucesso: o urso estava com o estômago cheio e o caçador tinha conseguido o casaco de pele!

Essa fábula encerra o conselho saudável de que devemos procurar soluções em que todos saem ganhando (se bem que, se eu fosse o caçador, eu teria passado um pouco mais de tempo no estágio de criar soluções). Uma grande maneira de conservar nossos chifres desenredados é começar e terminar qualquer discussão com as seguintes perguntas: "O que a outra pessoa quer? De que maneira as necessidades de ambos podem ser satisfeitas?"

Chega uma hora na vida em que temos de pegar o touro à unha e enfrentar as dificuldades.

W. C. FIELDS

ESFORCE-SE PARA RESOLVER
O PROBLEMA

O casamento é uma sociedade de admiração mútua na qual uma pessoa está sempre certa e a outra é sempre o marido.

MARY MARTIN

Um casal que estava tendo problemas conjugais foi se aconselhar com o pastor da igreja. Depois de uma sessão relativamente longa, o pastor percebeu que não estava conseguindo nenhum progresso na solução do conflito. Reparando em um gato e um cachorro deitados lado a lado diante da lareira, ele disse: "Observem como eles estão tranqüilos; mas eles certamente não concordam em tudo". O marido comentou: "É verdade, mas experimente amarrá-los um ao outro e veja o que acontece!"

"Um casamento sem conflitos", diz Andrè Maurois, "é quase tão inconcebível quanto uma nação sem crises."

O comentário de Maurois me fez lembrar de um juiz num caso de divórcio que perguntou ao marido: "Você pode contar ao tribunal o que se passou entre você e sua mulher durante a calorosa discussão que tiveram e que fez com que vocês quisessem se separar?"

"Certamente, meritíssimo", respondeu, nervoso, o homem, "havia uma torradeira, duas facas e um jogo de cristal."

Embora divertido, esse incidente nos faz lembrar que o conflito é normal; as guerras conjugais é que são perigosas.

Enfrente os fatos: a singular união entre o homem e a mulher está fadada a gerar algumas questões de incompatibilidade. A transição de um relacionamento despreocupado para um relacionamento formal torna o conselho de George Levinger especialmente importante. Ele disse: "O que torna um casamento feliz não é tanto a compatibilidade existente e, sim, a maneira como lidamos com a incompatibilidade. As diferenças que existem antes do casamento se intensificam quando passamos a conviver com elas. Nossa formação é diferente, temos personalidades diferentes, vemos o mundo a partir de perspectivas diferentes e temos a infelicidade de ter hábitos irritantes. Não pensamos da mesma forma, não reagimos da mesma maneira diante da vida e nem agimos do mesmo modo. Isso pode ser frustrante. Em vez de deixar o relacionamento ficar cheio de nós cegos, aprenda a afrouxá-los um pouco."

O escritor Charles Swindoll discute a realidade do conflito no casamento em *Commitment: The Key to Marriage*.

"Não existe uma casa totalmente sem conflitos. O último casal a viver 'feliz para sempre' foi o formado por Branca de Neve e seu príncipe. Embora você se dedique bastante ao seu cônjuge, sempre haverá momentos de tensão, lágrimas, discussões, divergências e impaciência. O compromisso não apaga a nossa qualidade humana! Essa é uma má notícia, mas é realista."

Embora os conflitos sejam normais, procure resolvê-los. Não deixe que o seu comportamento os intensifique.

Ogden Nash fez a seguinte sugestão: "Para manter seu casamento transbordando de felicidade, quando você estiver errado, admita-o. Quando você estiver certo, fique de boca fechada."

Sempre haverá uma batalha entre os sexos porque os homens e as mulheres querem coisas diferentes. Os homens querem as mulheres e as mulheres querem os homens.

GEORGE BURNS

DIFERENÇA DE
OPINIÃO

*Em cada lar onde
existe um casamento
há sempre lugar para
um intérprete.*

STANLEY
KUNITZ

Os membros do clube onde jogávamos cartas uma vez por mês costumavam se desviar do jogo de bridge, que era o objetivo básico da nossa reunião, para conversar a respeito das notícias locais, das atividades dos filhos e de eventos esportivos. Numa noite de sábado, surgiu uma discussão a respeito do casamento, dos hábitos irritantes dos homens (a partir da perspectiva das mulheres) e dos equívocos das mulheres (a partir do ponto de vista dos homens). Foi um debate despreocupado, com uma boa troca de idéias, que acabou se tornando uma competição para ver quem ofereceria a filosofia mais sarcástica.

A teoria mais espirituosa foi apresentada por um casal feliz com um excelente senso de humor.

O marido explicou da seguinte maneira por que eles eram tão felizes no casamento: "O verdadeiro motivo pelo qual estamos casados há tanto tempo é muito simples. Eu não tento mandar na vida dela e também não tento mandar na minha."

Para não ficar para trás, a esposa disse o seguinte: "O verdadeiro segredo de estarmos casados há tanto tempo é muito simples: um de nós fala e o outro não escuta."

PRECE IRLANDESA

Que aqueles que nos amam, nos amem;
E aqueles que não nos amam,
Que Deus mude o coração deles,
E se Ele não mudar o coração deles,
Que Ele torça o tornozelo deles
Para que possamos reconhecê-los porque claudicam.

GRATIDÃO

✦

Maridos, saiam com sua mulher pelo menos uma vez por semana. Vocês não precisam ir a um lugar caro (ou sofisticado); basta que se arrumem um pouco um para o outro e passem algum tempo juntos sem serem perturbados.

RALPH L. BYRON

MANTENHA A
CHAMA ACESA

Não é nenhum segredo que a satisfação romântica ou a falta dela é fator importante em todo casamento. A idéia de o casal sair junto uma vez por semana é uma excelente maneira de manter aceso o fogo do romantismo. O tempo que os dois passam juntos sem serem perturbados possibilita que eles continuamente se mantenham informados e em harmonia com as necessidades um do outro.

A história que segue relata de forma humorística a experiência de uma pessoa:

O Sr. Smith chegou mais cedo do trabalho e encontrou a esposa na cama com um belo rapaz. Quando o Sr. Smith estava prestes a partir enfurecido, ela o deteve e disse: "Antes de você ir embora, eu gostaria que você soubesse como tudo aconteceu.

"Quando eu voltava para casa esta tarde, depois de fazer compras, o carro passou por um buraco na rua. O buraco estava cheio d'água e este homem ficou todo sujo de lama. Sem demonstrar estar nem um pouco zangado, ele me olhou e disse: 'Que azar! Tenho uma reunião importantíssima esta tarde e olhe só como eu fiquei!'

"Eu disse a ele que sentia muito e me ofereci para limpar a roupa dele. Ele pareceu agradecido e eu o trouxe para casa.

"Ele se despiu no banheiro e eu dei a ele o roupão que comprei para você há alguns anos no Natal. Ele não fecha mais em você por causa da sua enorme barriga.

"Enquanto as roupas dele secavam, eu lhe servi o almoço – o assado que você deixou de comer ontem à noite porque resolveu sair com seus colegas depois do trabalho. Ele disse que foi a melhor comida caseira que ele comia em vários meses. Eu disse a ele que há anos ninguém elogiava a minha comida.

"Conversamos enquanto eu passava a camisa dele a ferro e achei maravilhoso conversar com um homem que parecia interessado no que eu tinha a dizer. De repente, ele notou que a tábua de passar roupa não estava firme. Eu havia pedido a você dezenas de vezes que a consertasse, mas você estava sempre ocupado demais. O homem consertou a tábua em dez minutos e depois guardou as ferramentas no lugar.

"Quando estava para ir embora, ele perguntou com um sorriso: 'Existe alguma outra coisa que seu marido tenha deixado de fazer ultimamente?' E esse é o fim da minha história!"

Uma história de James C. Dobson rivaliza com essa. Dobson diz que conhece um obstetra que é tão surdo e tão cego quanto o marido da história anterior. Parece que o obstetra telefonou para um médico amigo de Dobson para pedir um favor.

"Minha esposa vem tendo alguns problemas abdominais e está se sentindo particularmente mal esta tarde", disse ele. "Eu não quero tratar da minha mulher e gostaria de saber se você poderia atendê-la."

O médico pediu ao obstetra que levasse a mulher ao consultório dele. Depois de examiná-la, ele descobriu (você está preparado para isto?) que ela estava com cinco meses de gravidez! O obstetra estava tão ocupado cuidando das suas pacientes que nem sequer notara que a mulher estava grávida. "Devo admitir que me perguntei", comentou Dobson, "como essa mulher conseguiu ter a atenção do marido por um período de tempo suficiente para engravidar!".

James Smith escreveu: "A tragédia dos casamentos ocidentais é que quase todos nós interrompemos o jogo da sedução assim que nos casamos."

Você tem negligenciado seu(sua) parceiro(a)? O que está esperando? Marque desde já um dia para saírem juntos e planeje algo inesperado para mostrar a ele(a) que ele(a) ainda é muito importante na sua vida.

O QUE DIZER QUANDO QUISER FAZER UM ELOGIO

A despeito de nossa geração supersônica e de nossa engenhosidade mágica em computadores de alta tecnologia, não há ferramenta técnica que se compare ao elogio

JERRY D. TWENTIER

Certa vez, ao aceitar um prêmio, Jack Benny fez o seguinte comentário: "Na verdade, não mereço este prêmio. Mas sofro de artrite e não a mereço tampouco."

Não seria maravilhoso se demonstrar nosso apreço se tornasse tão natural quanto ter de aceitar as experiências indesejáveis da vida? No entanto, quantas vezes pequenas ações, aparentemente insignificantes, passam despercebidas? As pessoas que praticam essas ações sentem que estariam em melhor situação se obtivessem atenção de uma maneira pouco elogiosa.

Pense no empregado que certa manhã chega tarde ao escritório e é recebido pelo seu supervisor da seguinte maneira: "Sam, você está atrasado!"

Sam começa a trabalhar pensando: "Então é isso que eu preciso fazer para chamar a atenção. Todos os dias eu cumpro as minhas tarefas sem que ninguém note. É só chegar tarde um único dia e finalmente, tomam conhecimento de que eu trabalho aqui."

As pessoas querem acreditar que seus esforços merecem elogios e estão dispostas a fazer todo o possível para recebê-los. No entanto, demonstrar apreciação é um dos atos mais negligenciados nos relacionamentos. Quando você notar pessoas fazendo coisas boas, diga a elas que você o percebeu. Como? Boa pergunta. Eis algumas frases simples que irão ajudá-lo a elogiar as pessoas e incentivá-las a repetir o comportamento positivo:

"Gosto da maneira como você..."
"Estou impressionado com..."
"Você é incrível, porque..."
"Muito obrigado por ter-se esforçado tanto quando..."
"Uma das coisas que eu mais gosto em você é..."
"Admiro o seu..."
"Excelente o seu trabalho com..."
"Realmente gosto de trabalhar com você porque..."
"A nossa equipe não poderia ter sucesso sem o seu..."
"Obrigado pelo seu..."
"Você me fez ganhar o dia quando..."
"Você pode se orgulhar do seu..."
"Você realmente se sobressaiu quando..."
"É evidente que você tem a habilidade..."
"Gosto do seu..."
"Você realmente merece ser cumprimentado por..."
"Você deve estar orgulhoso por..."
"Admiro a maneira como você se dedica a..."
"Você é realmente muito bom em..."
"Você tem todo o meu apoio para..."
"Que grande idéia!"
"É evidente que você tem um grande talento para..."
"Você me ajudou muito quando..."

Acredito que se deveria elogiar as pessoas sempre que houver oportunidade; isso faz com que elas reajam como as plantas sedentas reagem à água.

MARY KAY ASH

"Você tem um dom especial para..."
"Gosto de estar com você porque..."
"Você está fazendo um excelente trabalho em..."
"É divertido observar você..."
"Eu sei que você é capaz de fazer isso!"
"Acredito em você."
"Sua dedicação a _____ é muito valorizada!"

O poder do elogio só é limitado pela falta de uso. Quantas pessoas você conhece que poderiam ser beneficiadas se você lhes dissesse "parabéns" ou "bom trabalho" ou talvez até "você é o melhor"? A apreciação silenciosa não significa muito. Deixe que os outros saibam que você dá valor a eles. Você verá que eles se mostrarão à altura das suas expectativas.

Samuel Goldwyn disse: "Quando alguém fizer algo de bom, aplauda! Você fará duas pessoas felizes." Forneci uma amostra de frases que você pode usar para elogiar as pessoas. Use-as com freqüência. Descubra outras maneiras de fazer elogios e aumentar a auto-estima das pessoas. Você ficará feliz por tê-lo feito.

VALORIZE OS
SEUS AMIGOS

Sócrates perguntou certa vez a um homem idoso o que o fazia sentir mais gratidão. O homem respondeu: "Por ser como eu sou eu tive os amigos que tive."

Quando contamos os tesouros realmente valiosos da vida, as amizades certamente deveriam estar entre os primeiros da lista. Enquanto todas as recompensas palpáveis da vida tendem a se afastar de nós, nossas amizades justificam qualquer energia necessária para mantê-las vivas e saudáveis. Considere a sabedoria oferecida pela história sobre as maneiras de conservar, valorizar e enriquecer nossas amizades.

> Se as pessoas que o cercam não acreditam em você e não o incentivam, você precisa encontrar pessoas que o façam.
>
> – JOHN MAXWELL

> Vale a pena ouvir, imitar e ter como amigo qualquer pessoa que tenha tido uma longa experiência na vida.
>
> – GEORGE MATTHEW ADAMS

> O dever de um amigo é apoiá-lo quando você estiver errado. Quase todo mundo ficará ao seu lado quando você estiver certo.
>
> – MARK TWAIN

Amizade é uma forte inclinação habitual em duas pessoas para estimular o bem e a felicidade uma da outra.

EUSTACE BUDGELL

Amigo leal é aquele que ri das suas piadas quando elas não são tão boas assim e é solidário com seus problemas quando eles não são tão graves assim.

— ARNOLD H. GLASOW

A glória da amizade não repousa na mão estendida, no sorriso amável, nem na alegria da companhia; ela se encerra na inspiração espiritual que ocorre quando descobrimos que uma outra pessoa acredita em nós e está disposta a confiar em nós.

— RALPH WALDO EMERSON

O verdadeiro amigo é aquele que nos escuta e compreende quando compartilhamos com ele nossos sentimentos mais profundos. Ele nos apóia quando enfrentamos dificuldades; ele nos corrige com amor e delicadeza quando erramos; e ele nos perdoa quando fraquejamos. O verdadeiro amigo estimula nosso desenvolvimento pessoal e nos faz caminhar em direção ao nosso potencial mais elevado. O mais incrível é que ele comemora o nosso sucesso como se fosse dele.

— RICHARD EXLEY

Tenha cuidado com o ambiente que você escolhe, pois ele irá moldá-lo; tenha cuidado com os amigos que escolhe, porque você se tornará como eles.

— W. CLEMENT STONE

Amigo é a pessoa que sabe tudo a nosso respeito e mesmo assim nos ama.

— ELBERT HUBBARD